U0853099

商务数据分析与多维应用实践研究

周雪莉◎著

湘潭大学出版社
XIANGTAN UNIVERSITY PRESS

版权所有 侵权必究

图书在版编目（CIP）数据

商务数据分析与多维应用实践研究 / 周雪莉著. --
湘潭 : 湘潭大学出版社, 2023.3
ISBN 978-7-5687-1076-3

Ⅰ. ①商… Ⅱ. ①周… Ⅲ. ①商业统计－统计数据－
统计分析 Ⅳ. ①F712.3

中国国家版本馆 CIP 数据核字 (2023) 第 069893 号

商务数据分析与多维应用实践研究

SHANGWU SHUJU FENXI YU DUOWEI YINGYONG SHIJIAN YANJIU

周雪莉 著

责任编辑：丁立松
封面设计：张丽莉
出版发行：湘潭大学出版社
社　　址：湖南省湘潭大学工程训练大楼
电　　话：0731-58298960 0731-58298966（传真）
邮　　编：411105
网　　址：http://press.xtu.edu.cn/
印　　刷：长沙市鑫宇印务有限公司
经　　销：湖南省新华书店
开　　本：710 mm×1000 mm 1/16
印　　张：13.75
字　　数：223 千字
版　　次：2023 年 3 月第 1 版
印　　次：2023 年 3 月第 1 次印刷
书　　号：ISBN 978-7-5687-1076-3
定　　价：46.00 元

前　言

随着信息技术的不断发展，以及云计算、互联网、社交网络等新兴技术和服务的不断涌现与广泛应用，数据种类日益增多，数据规模急剧增长，大数据时代已经悄然来临。在电子商务领域，商务数据往往蕴藏着巨大的商机和价值。通过对商务数据进行分析，商家可以看出用户到底从哪里来，如何组织产品才能实现高转化率，以及如何增加投放广告的效率等问题。通过对商务数据进行专业且深入的分析，商家可以挖掘其内在的商业价值，发现新的商机，从而获得更大的市场和价值。所以，电子商务领域的数据分析尤为重要。

本书以“商务数据分析与多维应用实践研究”为题，在内容编排上共设置六章：第一章探讨商务数据分析的基本原理，主要包括商务数据的基础知识、商务数据分析的思路、商务数据分析的方法；第二章探究商务数据分析的常用工具，内容涵盖 Excel 与商务数据分析、Power BI 与商务数据分析、爬虫软件与商务数据分析；第三章围绕商务数据的来源、商务数据的采集、商务数据的清洗展开论述；第四章研究商务数据可视化及设计美化，内容囊括商务数据可视化概述、商务数据可视化的类型、商务数据可视化的理论基础、商务数据可视化的设计、商务数据可视化的实现与优化；第五章基于商务数据分析的典型应用场景视角，对行业数据、客户行为、运营数据、营销推广数据、社会网络化进行分析；第六章研究电子商务数据分析的基础、电子商务网站运营数据的应用、电子商务会员数据分析的应用。

本书结构层次严谨、条理清晰分明、内容翔实丰富，立足于电子商务，通过案例操作和分析，让读者真正掌握商务数据分析与应用的方法与技巧。

笔者在撰写本书的过程中，得到了许多专家学者的帮助和指导，在此表示诚挚的谢意。由于笔者水平有限，加之时间仓促，书中所涉及的内容难免有疏漏之处，希望各位读者多提宝贵意见，以便笔者进一步修改，使之更加完善。

作　者

2022年11月

目　　录

第一章　商务数据分析的基本原理

第一节　商务数据的基础知识

一、商务数据的认知

利用小型数据库进行数据处理和分析，能够使用户的短期需求得到满足；而通过大数据对商务数据进行关联，能够有效地保证信息的准确度，进一步挖掘用户的潜在需求。目前，数据已经渗透到当今每一个行业和业务职能领域，成为重要的生产因素。人们对海量数据的挖掘和运用，预示着新一波生产率增长和消费者盈余浪潮的到来。由此可见，数据已经成为个人生活、业务和工作中越来越重要的组成部分。

（一）数据

数据是对客观事件进行记录并可以鉴别的符号，是对客观事物的性质、状态及相互关系等进行记载的物理符号或这些物理符号的组合，是构成信息或知识的原始材料。数据并不是单纯地指各种Excel表格或数据库，图书、图片、视频、报表、短信等都属于数据的范畴，如通过搜索引擎所做的图片识别、音频识别等都是数据的表现形式。因此，数据不仅仅指狭义上的数字，还可以是具有一定意义的文字、字母、数字符号的组合，如图形、图像、视频和音频等。其中，商务数据主要是记载商业、经济等活动领域的数据符号。当然，不同数据的获取途径、分析目的、分析方法都不尽相同，不同行业、不同企业在数据分析中也都各有偏好。

（二）数据与信息的联系与区别

数据与信息既有联系，又有区别。数据是符号，是物理性的；而信息是对数据进行加工所得到的，是逻辑性和观念性的。

数据与信息不可分离，数据是信息的表现形式，信息是数据有意义的表示。数据是信息的表达与载体，信息是数据的内涵，数据与信息两者之间是形与质的关系。数据本身并没有价值，有价值的是从数据中提取出来的信息。因此，数据分析的目的就是通过对相关数据进行分析，以解决现实中的某个问题或满足某种需求。

（三）数据与大数据的联系与区别

大数据在物理学、生物学、环境生态学等学科，以及军事、金融、通信等领域存在已有时日，由于其近些年在互联网和信息行业的快速发展与应用而很受人们关注。大数据与数据的主要区别体现在“大”上，具体如下：

第一，数据量。大数据的“大”首先体现在数据量上。大数据是海量数据，而海量具体是多少，目前尚无标准的说法。

第二，数据范围。大数据不仅包括机构内部的数据，还包括机构外部的数据。

第三，数据类型。大数据涉及的类型不仅有结构化的数据，还有非结构化的数据。一般情况下计算机处理的都是标准化、结构化的数据，但像文本、视频、语音等非标准化、非结构化的数据，则需要被一定的技术手段转换成结构化的数据，才能被处理。

二、商务数据的应用领域

数据是反映产品和用户状态最真实的一种方式。数据化运营已经广泛应用于电子商务、互联网金融、消费电子、移动出行、企业服务、视频直播、游戏、在线教育和医疗健康等行业。通过数据指导运营决策、驱动业务增长，是数据化运营的精髓。

（一）商务数据常见的应用领域

第一，勾勒用户画像。通过勾勒用户画像，打通用户行为和业务数据之间的关系，还原用户全貌。

第二，提升营销转化。通过分析流量和付费转化，甄别优质投放渠道。

第三，精细化运营。分群筛选特定用户群，精准运营，提升留存。

第四，优化产品。通过数据指引核心流程优化，版本迭代验证最佳效果。

（二）商务数据的应用领域分析

以下将从“人”“货”“场”三个维度对商务数据的应用领域进行论述。

1. 以“人”为维度的用户分析

用户分析指基于用户在网站上的各项浏览行为数据来分析用户的喜好，进而提供其喜爱的产品和服务，最终实现转化。例如，通过对用户的新增／活跃情况、时段分布、渠道用户、地域分布，以及启动激活情况等进行分析，商家可以研究用户的访问焦点，挖掘出用户的潜在需求。

2. 以“货”为维度的产品分析

产品分析可以帮助企业在了解产品的浏览量、点击量、订单量、购买用户数等数据的基础上推断出五大要点：①产品的点击是否顺畅；②功能展现是否完美；③用户的关注度、购买力；④产品生命周期；⑤产品推广策略是否需要调整。以“货”为维度的产品分析，可以为企业进一步研究产品生命周期、调整产品推广策略提供有力的数据支撑。

3. 以“场”为维度的场景运营分析

场景营销是基于用户的上网行为始终处在三大场景之一的一种新营销理念。三大场景主要包括：①浏览场景；②输入场景；③搜索场景。场景运营分析就是针对这三种场景，以充分尊重用户网络体验为先，围绕用户输入信息、搜索信息、获得信息的行为路径和上网场景进行优化，从而让用户对产品产生使用黏性和高频购买。场景运营分析主要涵盖以下方面：

（1）页面项目。页面项目分析指对每一个页面做详细统计，了解页面的流量、用户数、页面点击的热点等指标，进而对页面的流量、质量进行分析，以便对页面的布局做出进一步调整。

（2）内部检索。分析用户的内部检索行为，统计用户搜索最多的内容和搜索的频率，以及对搜索结果的点击情况，可以为运营人员补充小程序内容或品类、优化搜索结果页结构及相应的搜索词提供数据支持。

（3）专题页面。通过促销活动页的浏览量、点击量、二次跳转、转化率、转化数等数据，商家可以分析用户对哪些活动感兴趣、对哪些商品感兴趣，从而根据这些数据对活动页面进行调整和优化。

（4）站内广告。通过对站内广告的点击量、转化量进行分析，商家可以了解站内重点活动的用户参与度，了解用户对站内广告是否感兴趣，从而为优化站内广告位、广告创意、展现位置提供数据支撑。

（5）页面流量。页面流量可以展现网站页面所有流量、点击率、退出率等指标。通过对这些数据进行分析，商家可以了解网站流量集中的页面、退出率集中的页面及相关页面的质量，从而发现重点页面或异常情况。

三、商务数据的主要作用

第一，对利用大数据进行商品关联的挖掘营销而言，通过大数据挖掘技术保证数据之间得到有效的关联性，这样在具体运用过程中才能保证在有效分析原有数据的基础上建立起相关的数据联系。

第二，对利用大数据进行社会网络营销而言，当前社会化媒体的高度发展已经使海量的人群得到覆盖，并且社会网络营销的传播速度正在飞速发展，人们利用大数据可以对社会化网络的传播进行充分了解，能更好地开展社会网络营销活动。

第三，对利用大数据进行地理营销而言，利用大数据的技术优势能够充分地对网站的交易数据进行有效分析，在进行商品的地理营销时，决策者能够根据特定区域中用户的不同喜好有效地开展不同类型的营销策略活动。

第四，对利用大数据进行用户行为分析的营销而言，主要分析用户的历史消费记录和购买行为，这样就能获得用户的消费习惯，有效地开展用户行为分析营销活动。

第五，对利用大数据实现个性化推荐的营销而言，在实际市场分析过程中，满足用户的个性化需求显得越来越重要。根据大数据环境的发展特点，电子商务企业应该根据用户的个性化需求来进行商品的推荐活动。

第二节　商务数据分析的思路解读

一、市场分析

“在大数据时代，企业需要认真分析消费市场，改革营销方式，以更好地适应时代。”[①] 市场分析是根据已获得的市场调查资料，运用统计原理，分析市场及其销售变化。从市场营销的角度来看，它是市场调查的组成部分和必然结果，又是市场预测的前提和准备过程。

市场分析是一门综合性科学，它涉及经济学、统计学、经济计量学、运筹学、心理学、社会学、语言学等学科。市场分析已经成为现代企业管理人员不可缺少的分析技术。

狭义的市场分析就是市场调查研究。它是以科学方法收集消费者的购买和使用商品的事实、意见、动机等有关材料，并予以研究分析的手段。而广义的市场分析就是对从生产者到消费者或用户这一过程中全部商业活动的资料、情报和数据，做系统的收集、记录、整理和分析，以了解商品的现实市场和潜在市场。因此，广义的市场分析不仅是单纯地研究购买者或用户的心理和行为，还对各种类型的市场营销活动的所有阶段加以研究。

市场分析的研究对象是整个市场，这个对象可以从纵、横两个角度去考察。从纵向角度来看，市场分析要研究从生产者到消费者的所有商业活动，揭示生产者和消费者各自在从事市场活动中的行为和遵循的规律。无论是生产者还是消费者，在其从事市场活动中都必须既要了解自己，又要认识对方。生产与消费是一对矛盾，它们在整个市场活动中达到对立的统一。生产者和消费者只有按照其固有的规律行事，才能成为把生产和消费有机统一起来的桥梁。从横向角度来看，在现代市场经济体制中，市场活动是一个全方位的活动。一方面，不同的国家和地区由于受其政治、文化等方面的影响，它们的市场活动是有差

① 陈建明．大数据消费市场分析与市场营销的转型[J]．商业文化，2022（15）：58.

异的，因此，市场分析必须揭示这些市场活动的特点和规律；另一方面，即使是同一市场活动的主体，由于各种不同市场的交互作用，它们的活动内容也是极为广泛的，也就是说，市场的类型多种多样，各种不同类型的市场的特点和运行规律，就成了市场分析的又一重点研究对象。总之，市场分析的研究对象是极为广泛和复杂的，广泛性和复杂性是市场分析研究对象的重要特点。

市场分析的主要目的是研究商品的潜在销售量，开拓潜在市场，安排好商品地区之间的合理分配，以及企业经营商品的地区市场占有率。通过市场分析，可以更好地认识市场的商品供应和需求的比例关系，采取正确的经营战略，满足市场需要，从而提高企业经营活动的经济效益。

（一）市场分析的内容

市场分析主要包括以下方面：

第一，营销环境分析。营销环境是指企业营销活动有潜在关系的内部和外部因素的集合。营销环境分为内部环境和外部环境。

第二，消费者分析。消费者分析包括购买量与购买频率、购买时间与地点、购买动机、品牌转换情况与品牌忠诚度四个方面的内容。

第三，产品分析。该部分主要分析产品特色、产品价格定位、产品生命周期、竞争对手的产品。

第四，企业与竞争对手分析。进行竞争对手分析的目的是通过了解竞争对手的信息，获知竞争对手的发展策略及行动，以做出最适当的应对。除了对竞争对手进行分析之外，还需要分析企业在竞争中的地位、市场构成特性等因素。

第五，SWOT 分析。SWOT 分析方法是一种根据企业的既定内在条件进行分析，找出企业的优势、劣势及核心竞争力所在的企业战略分析方法。其中战略内部因素（“可能做的”）：S 代表优势（Strength），W 代表弱势（Weakness）；外部因素（“能够做的”）：O 代表机会（Opportunity），T 代表威胁（Threat）。

（二）市场分析的方法

市场分析的方法，一般可按统计分析法进行趋势和相关分析。从估计市场销售潜力的角度来讲，也可以根据已有的市场调查资料，采取直接资料法、必然结果法和复合因素法等进行市场分析。对任何事物的认识有一个从抽象到具体的过程，对市场进行系统分析时，市场是一个非常复杂的现象，对它的分析研究也必须遵循这一认识规律。市场分析在对市场这一对象进行研究时，首先对市场问题进行了概括的阐述，继而又以基础理论、微观市场、宏观市场对市场进行了较为详尽的分析，最后又对市场的各种类型进行了具体的解剖，从而使人们对一个市场的状况和运行规律既有了概括的了解，又有了具体的认识。

1. 系统分析法

市场是一个多要素、多层次组合的系统，既有营销要素的结合，又有营销过程的联系，还有营销环境的影响。运用系统分析的方法进行市场分析，可以使研究者从企业整体上考虑营业经营发展战略，用联系的、全面的和发展的观点来研究市场的各种现象，既看到供的方面，又看到求的方面，并预见到它们的发展趋势，从而做出正确的营销决策。

2. 比较分析法

比较分析法是把两个或两类事物的市场资料相比较，从而确定它们之间相同点和不同点的逻辑方法。对一个事物是不能孤立地认识的，只有把它与其他事物联系起来加以考察，通过比较分析，才能在众多的属性中找出本质属性和非本质个性。

3. 结构分析法

在市场分析中，通过市场调查资料，分析某现象的结构及其各组成部分的功能，进而认识这一现象本质的方法，称为结构分析法。

4. 演绎分析法

演绎分析法就是把市场整体分解为各个部分、方面、因素，形成分类资料，并通过对这些分类资料的研究分别把握特征和本质，然后将这些通过分类研究得到的认识联系起来，形成对市场整体认识的逻辑方法。

5. 案例分析法

所谓案例分析法，就是以典型企业的营销成果作为例证，从中找出规律性的东西。市场分析的理论是从企业的营销实践中总结出来的一般规律，它来源于实践，又高于实践，用它指导企业的营销活动，能够取得更大的经济效果。

6. 定性与定量分析结合法

任何市场营销活动，都是质与量的统一。市场分析必须进行定性分析，以确定问题的性质；也必须进行定量分析，以确定市场活动中各方面的数量关系，只有使两者有机结合起来，才能做到不仅看准问题的性质，又能使市场经济活动数量化。

7. 宏观与微观分析结合法

市场情况是国民经济的综合反映，要了解市场活动的全貌及其发展方向，不仅要从企业的角度去考察，还要从宏观上了解整个国民经济的发展状况。这就要求必须把宏观分析和微观分析结合起来以保证市场分析的客观和正确性。

8. 物与人的分析结合法

市场分析的研究对象是以满足消费者需求为中心的企业市场营销活动及其规律。企业营销的对象是人，因此要想把这些物送到所需要的人手中，就需要既分析物的运动规律，又分析人的不同需求，以便实现两者的有机结合，保证产品销售的畅通。

9. 直接资料法

直接资料法是指直接运用已有的企业销售统计资料与同行业销售统计资料进行比较或者直接运用行业地区市场的销售统计资料同整个社会地区市场销售统计资料进行比较。通过分析市场占有率的变化，寻找目标市场。

（三）市场分析的关键

1. 理解市场

理解市场就是指运用科学的方法，有目的地、系统地搜集、记录、整理有关市场信息和资料，分析市场情况，了解市场的现状及其发展趋势，从而为细分市场和营销决策提供客观的、正确的资料。该过程与市场调查有异曲同工之处，进行市场调查的同时也是进一步理解市场。

需要理解市场的内容很多，有市场环境调查，包括政策环境、经济环境、社会文化环境；有市场基本状况调查，主要包括市场规范、总体需求量、市场的动向、同行业的市场分布占有率等；有销售可能性调查，包括现有和潜在用户的人数及需求量、市场需求变化趋势、企业竞争对手的产品在市场上的占有率、扩大销售的可能性和具体途径等；还可以对消费者及消费需求、企业产品、产品价格、影响销售的社会和自然因素、销售渠道等进行调查。

企业决策者需要借助不同的方法获取有效的信息和资料才能对市场产生深刻的理解，该过程称作市场调查。在进行市场调查时往往需要注意很多问题，除了采集有效信息之外，还需要明确市场调查的目标、调查要点、设计调查方案等。调查的资料和结论将会为决策者和分析人员提供重要信息：了解市场总的供求情况以确定企业的发展方向；进行准确的市场定位并按照消费者的需求组织生产和销售；促进商品销售了解最适合自己的广告以选择广告媒体；多和销售人员进行交流也是一种非常不错的途径。

以下是常用的原始数据的收集方法：

（1）观察法。观察法分为直接观察和实际痕迹测量两种方法。

所谓直接观察法，指调查者在调查现场有目的、有计划、有系统地对调查对象的行为、言辞、表情进行观察记录，以取得第一手资料，它最大的特点是在自然条件下进行，所得材料真实生动，但也会因为所观察的对象的特殊性而使观察结果流于片面。

实际痕迹测量法是通过某一事件留下的实际痕迹来观察调查，一般用于对用户的流量、广告的效果等的调查。

（2）询问法。将所要调查的事项以当面、书面或电话的方式，向被调查者提出询问，以获得所需要的资料，它是理解市场时最常见的一种方法，可分为面谈、电话、邮寄、留置询问表四种，它们有各自的优缺点：面谈能直接听取对方的意见，富有灵活性，但成本较高，结果容易受调查人员技术水平的影响；邮寄速度快、成本低，但回收率低；电话速度快、成本最低，但只限于在有电话的用户中调查，整体性不高；留置询问表可以弥补以上缺点，说明方法，由其自行填写，再由调查人员定期收回。

（3）实验法。它通常用来调查某种因素对市场销售量的影响，这种方法是在一定条件下进行小规模实验，然后对实际结果做出分析，研究是否值得推广。它的应用范围很广，凡是某一商品在改变品种、品质、包装、设计、价格、广告、陈列方法等因素时都可以应用这种方法，调查用户的反应。

在进行市场调查时还要明确市场调查的目标，按照企业的不同需要，市场调查的目标也有所不同。企业实施经营战略时，必须调查宏观市场环境的发展变化趋势，尤其要调查所处行业未来的发展状况；企业制定市场营销策略时，要调查市场需求状况、市场竞争状况、消费者购买行为和营销要素情况；当企业在经营中遇到问题时，应针对存在的问题和产生的原因进行市场调查。

明确调查目标后，需要设计完善的调查方案实施调查。一个完善的市场调查方案一般包括以下方面的内容：

一是，调查目的。根据市场调查目标，在调查方案中列出市场调查的具体目的要求。例如：本次市场调查的目的是了解某产品的消费者购买行为和消费偏好情况等。

二是，调查对象。市场调查的对象一般为消费者、零售商、批发商，零售商和批发商为经销调查产品的商家，消费者一般为使用该产品的消费群体。在以消费者为调查对象时，要注意有时某一产品的购买者和使用者不一致，如对婴儿食品的调查，其调查对象应为孩子的母亲。此外还应注意到一些产品的消费对象主要针对某一特定消费群体或侧重于某一消费群体，这时调查对象应注意选择产品的主要消费群体，如对于化妆品，调查对象主要选择女性；对于酒类产品，其调查对象主要为男性。

三是，调查内容。调查内容是收集资料的依据，是为实现调查目标服务的，可根据市场调查的目的确定具体的调查内容。如调查消费者行为时，可按消费者购买、使用、使用后评价三个方面列出调查的具体内容项目。调查内容的确定要全面、具体、条理清晰、简练，避免面面俱到，内容过多，过于烦琐，避免把与调查目的无关的内容列入其中。

四是，调查表。调查表是市场调查的基本工具，调查表的设计质量直接影响到市场调查的质量。设计调查表要注意：①调查表的设计要与调查主题密切相关，重点突出，避免可有可无的问题；②调查表中的问题要容易让被调查者接受，避免出现被调查者不愿回答，或令被调查者难堪的问题；③调查表中的问题次序要条理清楚，顺理成章，符合逻辑顺序，一般可遵循容易回答的问题放在前面，较难回答的问题放在中间，敏感性问题放在最后；封闭式问题在前，开放式问题在后的原则；④调查表的内容要简明，尽量使用简单、直接、无偏见的词汇，保证被调查者能在较短的时间内完成调查表。

2. 细分市场

市场细分的概念是美国市场学家温德尔·史密斯于 20 世纪 50 年代中期提出来的。市场细分是指营销者通过市场调研，依据消费者的需要和欲望、购买行为和购买习惯等方面的差异，把某一产品的市场整体划分为若干消费者群的市场分类过程。每一个消费者群就是一个细分市场，每一个细分市场都是具有类似需求倾向的消费者构成的群体。

细分市场不是根据产品品种、产品系列来进行的，而是从消费者（指最终消费者和工业生产者）的角度进行划分的，是根据市场细分的理论基础，即消费者的需求、动机、购买行为的多元性和差异性来划分的。市场细分对企业的生产、营销起着极其重要的作用。

（1）有利于选择目标市场和制定市场营销策略。市场细分后的子市场比较具体，比较容易了解消费者的需求，企业可以根据自己的经营思想、方针及生产技术和营销力量，确定自己的服务对象，即目标市场。针对较小的目标市场，便于制定特殊的营销策略。同时，在细分的市场上，信息容易了解和反馈，一旦消费者的需求发生变化，企业便可迅速改变营销策略，制定相应的对策，以适应市场需求的变化，提高企业的应变能力和竞争力。

（2）有利于发掘市场机会，开拓新市场。通过市场细分，企业可以对每一个细分市场的购买潜力、满足程度、竞争情况等进行分析对比，探索出有利于本企业的市场机会，使企业及时做出投产、移地销售决策或根据本企业的生产技术条件编制新产品开拓计划，进行必要的产品技术储备，掌握产品更新换代的主动权，开拓新市场，以更好地适应市场需要。

（3）有利于集中人力、物力投入目标市场。任何一个企业的资源、人力、物力、资金都是有限的。通过细分市场，选择适合自己的目标市场，企业可以集中人、财、物及资源，去争取局部市场上的优势，然后再占领自己的目标市场。

（4）有利于企业提高经济效益。前面三个方面的作用都能使企业提高经济效益。除此之外，企业通过市场细分后，可以面对自己的目标市场，生产出适销对路的产品，既能满足市场需要，又可增加企业的收入；产品适销对路可以加速商品流转，加大生产批量，降低企业的生产销售成本，提高生产工人的劳动熟练程度，提高产品质量，全面提高企业的经济效益。

市场细分的基础是顾客需求的差异性，所以凡是使顾客需求产生差异的因素都可以作为市场细分的标准。由于各类市场的特点不同，因此市场细分的条件也不同。此外，市场细分时还需要考虑地理因素、人口统计因素、心理因素和行为因素等。

市场细分之前，需要先把市场进行区隔。市场可以细分，因为人从性格上可以分很多类，市场主要说的是人的一种需求。人从婴幼儿到老年都是有需求的，但是相同的产品不可能适应所有人。一个产品适合一个年龄段的人群，这个年龄段就叫整体人群的区隔人群。群体大就是大的区隔人群，群体小就是小的区隔人群。人群划分出几块来，有婴儿、幼儿、少儿、少年、青年、壮年、中年、老年，这是从年龄上分出来的区隔，还可以从性别上、经济能力上进行区隔。有些产品适合从年龄上区隔，有些产品适合从性别上区隔，还有些产品适合从经济能力上区隔。

共性的需求产品一般从年龄上直接区隔就可以了，但是市场上的产品不仅有共性需求的产品，还有满足其他方面需求的产品；有满足爱好的、满足娱乐的，还有满足欲望的。不同的产品针对的人群不一样，只要把产品对应的人群分开，就会形成一个个区隔的人群范围。

区隔市场与市场细分不同，区隔是区隔出一个大的市场人群，也叫市场区隔。它可以用一个产品类别去对应，除了对应不同年龄，还可以对应男性和女性。在男性和女性中，还可以从年龄上对应青年女性、青年男性，或者中年女性、中年男性，这些都叫区隔，用一个大产品类别对应市场的一类人群的就叫区隔市场。

在区隔市场的基础上细分市场在区隔市场中，还会把这些已经区隔的人群进行细分。比如，一个产品面对 25 ~ 35 岁的女性群体，这是它的消费人群。如果它是女性化妆品，其市场已经非常成熟了，这个年龄段的消费者已经不满足这个产品给她们带来的产品的共性利益了，所以要进行细分，在产品的共性利益基础上加上个性利益，然后针对这个年龄段不同个性特点的人所要求的个性利益点，这就是细分。

进行详细的区隔之后，需要根据产品的特征明确目标用户，收集潜在用户特征和资料，明确用户的核心价值，了解用户使用相同产品的感受。

随着市场的成熟，细分越来越细。由于市场竞争的加剧，在大的细分条件下还出现了更细的细分。比如，服装的细分，服装可以从职业上分，可以从生活方式上分，还可以分早上、中午、晚上的服装。在这些服装中，每一种还可以对应不同性格的人群。比如，一个女孩如果比较活泼，则可以穿活泼一点儿的服装；如果比较内向，则可以穿一些比较素雅或比较内敛的服装。

服装的大类别里可以分出商务的、休闲的，还可以有商务休闲的。在休闲里面还有很多种类，比如，休闲里面有户外攀岩的、户外野游的、户外运动的，还有户外时尚的。同样，有室内休闲的、户内时尚的、户内放松的和户内性感的等。总之，可以分很多，这些都对应不同人群里不同的需求方式。

在一个需求方式里，同一个人在不同时间点上的需求也不同，这也是细分。这些细分是有条件的。条件是指市场条件，即做细分产品时要考虑这个市场成熟不成熟。市场没有成熟到一定程度时不要细分。比如，从计划经济进入市场经济，产品开始丰富起来，人们的需求方式随之改变。但随着市场经济的活跃和人们生活水平的提高，好的产品逐渐被认识，人们对美的认识也改变了，对一些高档化妆品也从被动需求变成主动需求了，这个时候市场就逐渐成熟起来了。市场成熟之后，就会有更多细分的产品出现。从以前用雪花膏简单地润肤到美白这个概念是一个过程，但后来美白已经不能满足人们的需求了，人们想让皮肤更滋养、让皮肤更有弹性，所以不同概念的产品需求都产生了。有了这样细分的需求，才会有细分的产品来对应。

依靠调研考量市场的成熟程度进行细分。一个需求满足之后，人们会追求更高层次的需求。如果一个市场还处于简单的、基本需求时，企业生产一个细分产品进入这个市场就要先教育市场跟上其步伐，这是很难做到的。

消费者的认识是逐步发展的，认识还没有到这一点时，单靠一家企业的力量去把他教育到跨一个时代的理解程度是不可能的。在英国有这个市场，人们希望中国也有这个市场，这种想法不一定完全现实。中国可能会有企业具备这个条件和能力，但是不一定有这种意识。市场的前进是按部就班的，企业要根据市场的调研结果来考虑产品的市场处于什么阶段，只有到了相对成熟的状态，才可以用产品去细分。用产品细分的目的也对应市场的需求，所以说，市场细分是在成熟的条件下产生的。

3. 了解市场地位

在进行了市场的深入调查和理解，并对市场进行细分以后，决策者需要知道公司在市场中的位置，客观地衡量公司的实力、所处的环境、发展情况等因素，并结合市场趋势和市场细分的结果做出有利于公司发展的决策。如果不清楚公司所处的位置，就无法及时应对外界环境的变化，很可能会将企业带入危机中。如许多中小企业经营管理不善、创新能力不强，对公司所处的市场地位认识不清等，企业很容易会陷入危机中。但危机中孕育着发展机遇，企业能否渡过难关，关键取决于它们能否根据自身特点，在危机中把握发展机遇，加快结构调整升级，转变企业的发展方式。

二、行业竞争分析

行业竞争分析是对行业所处环境进行的分析。行业环境就是指企业组织所处的经营领域环境。行业环境主要包括五种要素及其关系。这五种要素共同作用，决定了行业竞争的性质和程度，它们是形成企业在其某一竞争领域内竞争战略的基础。

（一）了解行业经济特性

行业之间在一些方面有着重大的区别，包括经济特性、竞争环境、未来的利润前景。以下重点论述行业经济特性的变化。

行业经济特性变化的因素包括：行业总需求量和市场成长率、技术变革的速度、该市场的地理边界（区域性的或全国范围的）、买方和卖方的数量及规模、卖方的产品或服务是统一的还是具有高度差别化的、规模经济对成本的影响程度、到达购买者的分销渠道类型；行业之间的差别还体现在对以下各因素的竞争重视程度：价格、产品质量、性能特色、服务、广告和促销、新产品的革新。在某些行业中，价格竞争占统治地位；而在其他行业中，竞争的核心却可能集中在质量上，或集中在产品的性能上，或集中在品牌形象与声誉上。

因为行业之间在特征和结构方面有很大的差别，所以行业及竞争分析必须首先从整体上把握行业中最主要的经济特性。

第一，市场规模。小市场一般吸引不了大的或新的竞争者；大市场常能引起公司的兴趣，因为它们希望在有吸引力的市场中建立稳固的竞争地位。

第二，竞争角逐的范围。市场是当地性的、区域性的还是全国范围的。

第三，市场增长速度。快速增长的市场会鼓励其他公司进入；增长缓慢的市场使市场竞争加剧，并使弱小的竞争者出局。

第四，行业在成长周期中目前所处的阶段是处于初始发展阶段、快速成长阶段、成熟阶段、停滞阶段还是衰退阶段。

第五，竞争厂家的数量及相对规模。行业是被众多小公司所细分还是被几家大公司所垄断。

第六，购买者的数量及相对规模。

第七，在整个供应链中，向前整合或向后整合的程度如何，因为在完全整合、部分整合和非整合公司之间往往会产生竞争差异及成本差异。

第八，到达购买者的分销渠道种类。

第九，产品生产工艺革新和新产品技术变革的速度。

第十，竞争对手的产品服务是强差别化的、弱差别化的、统一的还是无差别化的。

第十一，行业中的公司能否实现采购、制造、运输、营销或广告等方面的规模经济。

第十二，行业中的某些活动是不是有学习和经验效应方面的特色，从而导致单位成本会随累计产量的增长而降低。

第十三，生产能力利用率的高低是否在很大程度上决定公司能否获得成本生产效率，因为生产过剩往往降低价格和利润率，而紧缺时则会提高价格和利润率。

第十四，必要的资源以及进入和退出市场的难度：壁垒高往往可以保护现有公司的地位和利润，壁垒低则使得该行业易于被新进入者入侵。

第十五，行业的盈利水平处于平均水平之上还是平均水平之下：高利润行业吸引新进入者，行业环境萧条往往会加速竞争者退出。

（二）深入了解对手产品

了解对手产品主要是帮助人们更好地熟悉各种产品，有针对性地向客户介绍产品，从而获取竞争优势。要想获得竞争优势，就要找出对手产品的优劣势。深入了解对手产品作为了解竞争态势的起点，应该从基本情况开始，那就是事实。竞争对手的财务状况如何、员工人数多少、生产何种产品、产品有哪些市场等，购买对手的产品并解剖它，弄清对手的制造成本。

必须进行深入分析，必须将这些事实与获得的能够告诉对手的战略信息结合起来。这些信息可以从对手本身获得，从诸如它的年报、季报、广告、公告中获悉。商业杂志和商业报刊也是信息的来源。经理们喜欢向记者炫耀他们的策略是多么杰出以及他们将如何实施，可以根据这些信息来了解他们的计划。要善于利用网络信息深入剖析对手产品。还可以从产品的厂家培训、对手的介绍、产品资料、参加对手会议、与同行交流、与客户交流等方式获取产品信息，了解产品。而且，要仔细观察对手以往的行为：过去它对攻击是如何反应的；它是怎样发动和实施攻击的；在采取行动之前，管理层发出过什么信号；事先是否有通告；他们进行了什么投资；是否招进了新的人才；应该努力寻找这些信号。

（三）定时更新竞业数据

竞业可以解释为相互竞争的行业。定时更新竞业数据，有利于了解自身产品与竞争者之间的差距和优势所在，帮助企业明确自身所处的位置和所需采取的措施。不同领域的行业数据模式不同，更新的方式也不一样，但也有共性和个性之分。如进入搜索行业后，需要不断地更新行业数据，可以通过互联网搜集不同搜索引擎公司的搜索流量数据，以及流量分布，然后将自身的数据与竞争对手的数据进行对比，获取自身的优劣势，以便做好企业的调整和改进工作。

三、产品形态设计

产品形态是指通过设计、制造来满足顾客需求，最终呈现在顾客面前的产品状况，包括产品传达的意识形态、视觉形态和应用形态。产品形态的好与坏，直接关系和影响产品的销售和市场占有率。在产品形态的结构上要协调和规划好产品形态的定义和外在表现。

（一）数据的定性

定性分析与定量分析应该是统一的、相互补充的；定性分析是定量分析的基本前提，没有定性的定量是一种盲目的、毫无价值的定量。定性分析主要凭借分析者的直觉、经验，凭借分析对象过去和现在的延续状况及最新的信息资料，对分析对象的性质、特点、发展变化规律做出判断的一种方法。相比而言，定量分析方法更科学，但需要较高深的数学知识，而定性分析方法虽然较为粗糙，但在数据资料不够充分或分析者数学基础较为薄弱时比较适用，更适合于一般的投资者与经济工作者。两种分析方法对数学知识的要求虽然有高有低，但并不能就此把定性分析与定量分析截然划分开来。事实上，现代定性分析方法同样要采用数学工具进行计算，而定量分析则必须建立在定性预测基础上，两者相辅相成，定性是定量的依据，定量是定性的具体化，两者结合起来灵活运用才能取得最佳效果。

数据的定性可通过用户访谈的形式，确定目标用户后，想清楚需要了解的问题，做好访谈前的准备工作，学会倾听用户提供的信息，结合市场调查和调查对手产品时所获取的信息做出定性分析，得出基本结论，为后面的数据定量分析做好准备。

（二）数据的定量

定量分析是依据统计数据，建立数学模型，并用数学模型计算出分析对象的各项指标及其数值的一种方法。定量分析使定性分析更加科学、准确，它可以促使定性分析得出广泛而深入的结论。定量分析方法有很多，但各种方法在应用时往往都有一定的程序化，如实验法、观察法、访谈法、社会测量法、问卷法、描述法、解释法、预测法等。

1. 定性和定量研究的区别

定性研究和定量研究的根本性区别有以下三点：

（1）两种方法所依赖的哲学体系不同。作为定量研究，其对象是客观的、独立于研究者之外的某种客观存在物；而作为定性研究，其研究对象与研究者之间的关系十分密切，研究对象被研究者赋予主观色彩，成为研究过程的有机组成部分。定量研究认为，其研究对象可以分成几个部分，通过这些组成部分的观察可以获得整体的认识。而定性研究认为，研究对象是不可分的有机整体，因而他们审视的是全部和整个过程。

（2）两种研究方法在对人本身的认识上有所差异。量化研究者认为，所有人基本上都是相似的；而定性研究者则强调人的个性和人与人之间的差异，进而认为很难将人类简单地划归类别。

（3）定量研究者的目的在于发现人类行为的一般规律，并对各种环境中的事物做出带有普遍性的解释；与此相反，定性研究则试图对特定情况或事物做特别的解释。换言之，定量研究致力于拓展广度，而定性研究则试图发掘深度。

2. 定性与定量方法的区别

由于方法论上的不同取向，导致在实际应用中定量方法与定性方法具有明显的差别，主要体现在以下方面。

（1）研究者的角色定位。定量研究者力求客观，脱离资料分析；定性研究者则是资料分析的一部分。对后者而言，没有研究者的积极参与，资料就不存在。

（2）研究设计。定量研究中的设计在研究开始前就已确定；定性研究中的计划则随着研究的进行而不断发展，并可加以调整和修改。

（3）研究环境。定量研究运用实验方法，尽可能地控制变数；定性研究则在实地和自然环境中进行，力求了解事物在常态下的发展变化，并不控制外在变数。

（4）测量工具。定量研究中，测量工具相对独立于研究者之外，事实上研究者不一定亲自从事资料筹集工作；而在定性研究中，研究者本身就是测量工具，任何人都代替不了他。

（5）理论建构。定量研究的目的在于检验理论的正确性，最终结果是支持或反对假设；定性研究的理论则是研究过程的一部分，是“资料分析的结果”。

（三）网站流量统计

通过各种科学的方式，准确地记录某一页面的访问者的流量信息。目前而言，可以统计的内容包括：①统计独立的访问者数量（独立用户、独立访客）；②可以统计独立的 IP 地址数量；③可以统计页面被刷新的数量；④访客数量，即来了多少访客，他们是哪里人，IP 多少；⑤访客来源，即访客来自哪些网站？百度、天涯，还是 163 邮箱；⑥软文营销效果：贴的链接和软文的效果到底怎么样；⑦访客的站内移动路径（即站内行为）：访客进入网站后，浏览了哪些网页；⑧关键词广告的效果跟踪：百度竞价广告与谷歌的广告哪个效果更好；⑨广告恶意点击（也称“点击欺诈”）的源头跟踪——谁（哪个 IP）恶意点击了我的广告等网站的流量情况。

网站流量统计可以准确分析访客用户的来源，便于网站管理者根据访客的需求增加或修改网站的相关内容，便于更好地提升网站转换率，提高网站流量；还可以及时掌握网站推广的效果，减少盲目性；分析各种网络营销手段的效果，为制定和修正网络营销策略提供依据；了解用户访问网站的行为，为更好地满足用户需求提供支持；作为网络营销效果评价的参考指标，帮助了解网站的访问情况，提前应对系统负荷问题，根据监测到的访问客户端的信息来优化网站设计和功能。

在进行流量统计的同时，要善于观察统计数据的变动特点，并对用户进行分类统计，善于利用用户渠道来源信息进行统计分析，制定个性化的营销策略。

（四）系统日志分析

系统日志是记录系统中硬件、软件和系统问题的信息，同时还可以监视系统中发生的事件。用户可以通过它来检查错误发生的原因，或者寻找受到攻击时攻击者留下的痕迹。日志文件记录着系统运行的每一个细节，对系统的稳定运行起着至关重要的作用；不仅如此，日志文件还记录着来访用户的操作记录。通过查看服务器中的日志数据，不仅能帮助管理员及时找出服务器出现故障的原因，还可以利用不同的数据挖掘技术和工具对日志文件进行挖掘，将日志数据转变成有价值的信息，进一步将信息转化为知识。从中发现的知识不仅能帮助公司了解用户的操作行为，还可以通过统计分析工具和知识进一步分析用户流失的可能性，以提供有针对性的个性化服务，提高用户的黏性，降低客户流失量。

日志文件中的数据量庞大，大多数都是一些平常的操作、异常等记录，在数据质量上不是很好，但弃之又很可惜，善于分析日志文件可以提取出很多有价值的东西。做好日志分析也是提高企业在市场中的竞争力的一种有效方式。

第三节　商务数据分析的方法

数据分析已经成为运营人员的必备技能之一，熟练掌握数据分析方法已经成为运营人员的核心竞争力。需要注意的是，任何数据化运营任务都要以业务为导向，依据具体的业务场景来选择合适的数据分析思路与方法。切忌过于追求模型和算法，为了数据分析而分析数据。数据分析不是一劳永逸的，产品在不断迭代，业务在不断更新，从认知到决策，数据大多数起辅助作用。从梳理需求，到采集、分析、实践，再到衡量，数据分析始终循环在企业增长的整个过程中。

对于精细化运营及业务增长的问题，AARRR 这个方法论是非常契合的。AARRR 的五个环节都可以通过数据指标来衡量与分析，见表 1-1[①]。以 Activation（激活）为例，激活对应的关键指标是用户转化，落实到企业业务活动上包括但不限于注册转化率、商品购买转化率等。在使用 AARRR 模型进行数据分析时，应该考虑用户正处于 AARRR 模型的哪个部分，关键数据指标是什么，对应的分析方法又是什么，具体分析方法就是围绕这个方法论展开的。

① 本节表格引自余莉．商务数据分析 [M]. 北京：清华大学出版社，2016：16-17.

表 1-1 AARRR 理论体系

框架流程	Acquisition（获取）	Activation（激活）	Retention（留存）	Revenue（收入）	Referral（推荐）
关键指标	营销活动	用户转化	留存分析	订购促进	评论推荐
业务活动	新访问用户量 人均访问次数 访问时长 访问深度 跳出率	注册转化率 商品购买转化率	产品功能留存率 用户日留存率 用户周留存率 用户月留存率	订单金额订单数量订单转化率 成果支付数	分享次数分享率 好评率

以下基于对互联网产品的运营，介绍九种常见的数据分析方法。

一、流量分析

流量分析主要应用于广告的投放及对外推广，以下从三个维度来进行说明：

第一，访问、下载来源及搜索词。通过数据分析平台，可以很方便地进行统计和分析。通过归因模型判断流量来源，产品经理只需使用自建或第三方数据平台追踪流量变化即可。

第二，自主投放追踪。通过对微信等外部渠道投放的文章、H5 等进行追踪，可以分析不同获客渠道流量的数量和质量，进而优化投放渠道。常见的办法有 UTM 代码追踪，分析新用户的广告来源、广告内容、广告媒介、广告项目、广告名称和广告关键字等。

第三，实时流量分析。通过建立一张数据指标的线状或柱状图，对日常数据如新增、活跃、留存、核心漏斗等业务指标进行监测，可以实时了解产品的访问走势，以此来研究用户的行为规律。

另外，通过监测每日增长，发现并分析异常情况，如注册失败、支付失败等，企业可以及时进行优化处理。例如，某互联网金融平台因为一个产品 BUG

导致用户疯狂抢购，产品经理发现实时数据异常后，迅速下线该产品并修复BUG，避免了损失的进一步扩大，所以流量趋势分析可以帮助企业及时发现问题和定位问题。

二、用户分群

用户分群主要应用于用户细分及精准化运营。精细化运营是目前的趋势，运营人员需要对不同类别的用户进行精准运营，而维度和行为组合是目前常见的用户分群方法。

（一）根据用户维度划分

一般情况下，可以将用户维度归纳为四类，分别是人口属性、设备属性、流量属性和行为属性。具体维度的选择需要与运营人员的需求紧密结合，不同区域、不同来源、不同平台，甚至不同手机型号的用户对产品的使用和感知都可能存在巨大的差异。

（二）根据用户行为组合划分

精细化运营常常需要对某个有特定行为的用户群组进行分析和比对，通过观察不同群组用户的行为差异，有针对性地优化产品，提升用户体验。例如，上海某电商网站举行了一次 iPhone 手机配件的促销活动，将上海市有过两次及两次以上购物记录的 iPhone 用户筛选为目标用户进行营销，这比漫无目的地群发邮件和推送更精准。

三、多维分解

网站报告一般反映的都是网站数据的综合情况，包括网站的总访问量、总停留时间、总销售量等，但它不能体现用户在不同页面、不同内容、不同渠道的停留时间及访问量，也就是说这些汇总数据无法对不同属性的流量进行正确判断。对指标进行分解需要从业务角度出发，将指标从多个维度进行拆解。例如，某网站的跳出率是 0.47，平均访问深度是 4.39，平均访问时长是 0.55 分钟。要想提升用户参与度，只有这样的数据显然远远不够，但如果对这些指标进行拆解，就会发现很多思路。

表 1–2 展示的是一个产品在不同操作系统下用户参与度指标的数据，仔细观察不难发现，来自移动端平台 Android、iOS、Windows Phone 的用户参与度极差，表现为跳出率很高，平均访问深度与平均访问时长很低。通过多维分解发现，产品没有在移动端做优化，最终导致用户体验不好。

表 1–2 多维分解

操作系统	跳出率	平均访问深度	平均访问时长（分钟）
Windows7	0.364	5.233	1.093
Windows 10	0.327	6.004	1.569
Mac OS X	0.389	4.781	1.437
Linux	0.308	4.273	1.336
Android	0.528	2.577	0.296
iOS	0.642	2.403	0.324
Windows Phone	0.893	1.994	0.240

四、细查路径

细查路径主要用于用户和产品的研究，用户行为数据也是数据的一种。通过观察用户的行为轨迹，可以探索用户与产品的交互过程，进而从中发现问题，激发灵感或验证假设。在用户分群的基础上，一般抽取 3 ~ 5 个用户来进行细查，即可覆盖分群用户大部分的行为规律。

以一个产品的注册流程为例进行说明。用户经历的操作流程包括：访问官网→点击注册→输入手机号码→获取验证码。看似非常流畅的一个环节，分析人员却发现一个用户连续三次点击获取验证码，最后放弃提交。该用户多次点击是因为点击获取验证码后，手机迟迟收不到验证码，用户接着就会继续点击，所以就出现了上面的情况。事实上绝大多数的产品在设计时都或多或少地存在一些不合理的设计或 BUG，通过细查路径，可以很好地发现产品中存在的问题并及时解决。

五、转化漏斗

漏斗是用于衡量转化效率的工具，所有的互联网产品数据分析都离不开转化漏斗。通过漏斗分析，可以按照先后顺序还原某一用户的行为路径，分析每一个转化节点的转化数据，有效地定位高损耗节点。无论是注册转化、激活转化，还是购买转化，都需要重点关注哪一步流失的用户最多、流失的用户都有哪些行为。

六、留存分析

在互联网行业中，通过拉新引来的客户经过一段时间就会流失一部分，而留存用户指的是那些留下来的、经常回访企业网站或 App 的用户。留存分析可以用来探索用户、产品与回访之间的关联程度。常见的留存曲线分为三个阶段：第一个阶段是振荡期，第二个阶段是选择期，第三个阶段是平稳期。

魔法数字是留存分析的延伸，它与产品的核心功能息息相关，并且已经得到了广泛重视。例如，首次注册微博会推荐关注 10 个“大 V”，首次注册领英会推荐关注 5 个同事，很多社交产品规定每周签到 5 次，用户就可以获得双重积分或者虚拟货币，这里的“10 个‘大 V’”“5 个同事”“每周签到 5 次”就是魔法数字。这些数字是通过长期的数据分析或者机器学习的方式计算出来的，通过借助数据分析工具，可以分析用户的行为组合（时间、功能及频次）与用户留存之间的相关度。实践证明，相关度越高，符合这些特征的用户留存度也就越高，所以运营人员需要不断地去激励用户达到这个标准，从而提升用户的留存率。

七、A/B 测试

A/B 测试指为了达到某个目标进行多个方案并行测试，每个方案仅有一个变量不同，最后以某种规则选择最优的方案。在 A/B 测试方面，谷歌进行了不遗余力的尝试，对搜索结果的显示制订了多种不同的方案，不断优化搜索结果中广告的点击率。由于进行 A/B 测试需要有足够的时间、较大的数据量和数据密度，因此很多创业公司或者流量不大的产品可以采用直接上线的方式用全流量来测试新的方案，然后对比数据指标的前后变化，判断哪种方案更好。

八、优化建模

当一个商业目标与多种行为、画像等信息有关联时，人们通常会使用数据挖掘的手段进行建模，并对核心事件的相关性进行分析，挖掘出产品改进的关键点。例如，一家企业在预测客户的付费意愿时，根据用户的行为数据、公司信息、用户画像等数据建立了付费模型，并采用更加科学的方式进行组合加权，最终得知用户满足了哪些行为之后，付费的可能性会更高。

九、热图

用户体验是一个非常抽象的概念，可以使用热图的形式将其形象化。热图也被称为热力图，用高亮颜色来展示用户的访问偏好，也就是对用户的体验数据进行可视化展示。例如，通过热图分析内容型网站读者的阅读偏好，可以及时更换最新的内容；通过热图分析电商交易平台用户的购买偏好，可以及时更新商品的信息。通过热图分析，还可以非常直观地了解用户在产品上的点击偏好，从而及时优化网站或页面布局，提高转化率等。

上述数据分析方法并无优劣之分，正确的场景下使用正确的方法就是高效的。此外，学会使用优秀的数据分析工具，可以事半功倍，更好地利用数据实现整体效率的提升。

第二章　商务数据分析的常用工具

第一节　Excel 与商务数据分析

Excel 是应用广泛、便捷的办公软件，其数据分析和挖掘功能十分强大，能够快速完成所有的数据清洗过程，建立起分析模型，并且快速运行得出结果，是商务数据分析的必备工具之一。

一、Excel 的数据统计功能

Excel 具有强大的数据统计功能，使用 Excel 公式与函数能够快速统计各种复杂的商务数据，以下举例进行说明。

如图 2-1 所示[①]为两个商品信息表，它们均包含设备名称、单价、数量及金额等信息。一般情况下，分析人员需要在每一种商品对应的单元格中录入单价和数量，然后计算出相应的金额。

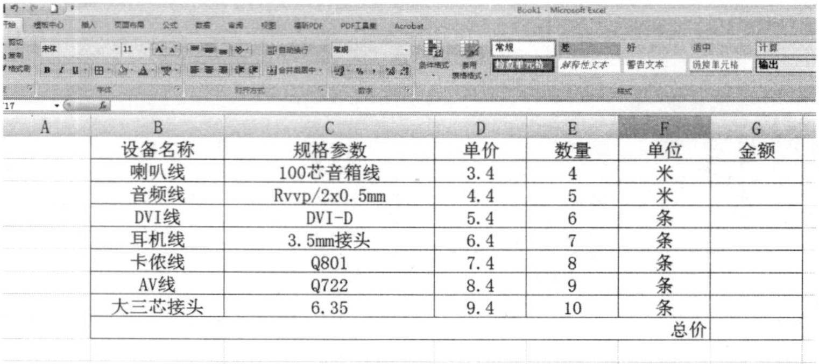

A	B	C	D	E	F	G
	设备名称	规格参数	单价	数量	单位	金额
	喇叭线	100芯音箱线	3.4	4	米	
	音频线	Rvvp/2x0.5mm	4.4	5	米	
	DVI线	DVI-D	5.4	6	条	
	耳机线	3.5mm接头	6.4	7	条	
	卡侬线	Q801	7.4	8	条	
	AV线	Q722	8.4	9	条	
	大三芯接头	6.35	9.4	10	条	
					总价	

（a）

① 沈凤池．商务数据分析与应用 [M]．北京：人民邮电出版社，2019：24.

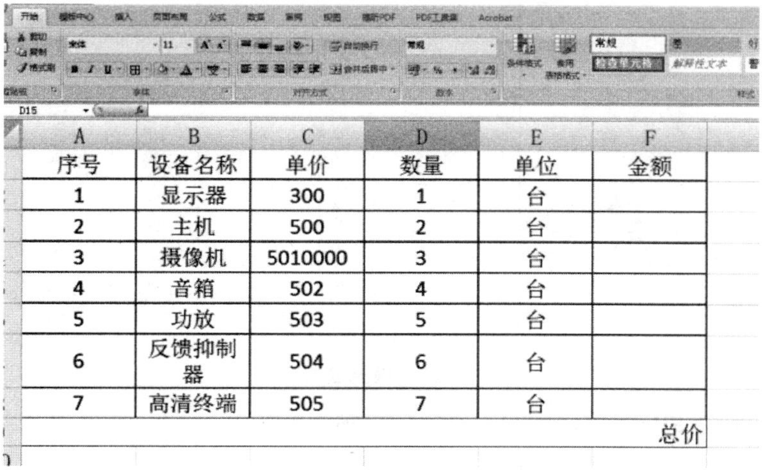

序号	设备名称	单价	数量	单位	金额
1	显示器	300	1	台	
2	主机	500	2	台	
3	摄像机	5010000	3	台	
4	音箱	502	4	台	
5	功放	503	5	台	
6	反馈抑制器	504	6	台	
7	高清终端	505	7	台	
					总价

（b）

图2-1　商品信息表

利用 Excel 的数据统计功能可以自动计算每种商品的金额，具体操作方法如下：

在图 2-1（a）中，首先选择 G2 单元格，然后输入公式“=D2*E2”，按【Enter】键确认，即可得出第一种商品的金额，如图 2-2 所示。

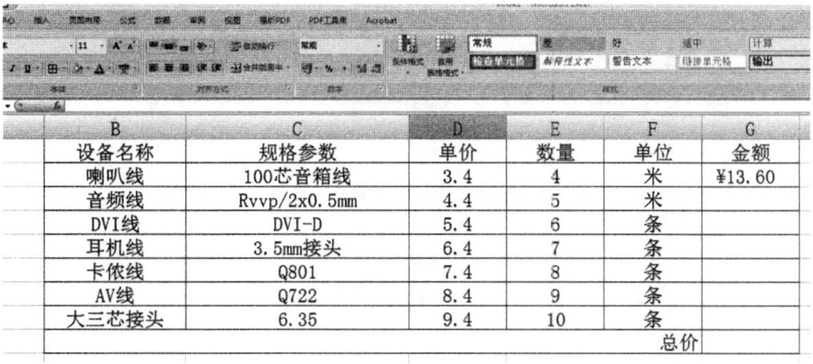

设备名称	规格参数	单价	数量	单位	金额
喇叭线	100芯音箱线	3.4	4	米	¥13.60
音频线	Rvvp/2x0.5mm	4.4	5	米	
DVI线	DVI-D	5.4	6	条	
耳机线	3.5mm接头	6.4	7	条	
卡侬线	Q801	7.4	8	条	
AV线	Q722	8.4	9	条	
大三芯接头	6.35	9.4	10	条	
				总价	

图2-2 计算第一种商品的金额

选择 G2 单元格，将鼠标指针置于该单元格右下角，当指针变为形状时按住鼠标左键并向下拖动，即可计算出其他商品的金额，如图 2-3 所示。如果需要在一个 Excel 表格中处理成百上千的数据，可以通过拖动填充柄填充公式的方法快速统计数据。

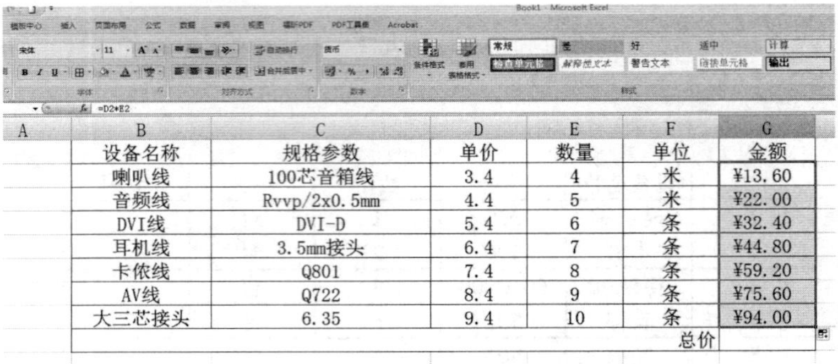

B	C	D	E	F	G
设备名称	规格参数	单价	数量	单位	金额
喇叭线	100芯音箱线	3.4	4	米	¥13.60
音频线	Rvvp/2x0.5mm	4.4	5	米	¥22.00
DVI线	DVI-D	5.4	6	条	¥32.40
耳机线	3.5mm接头	6.4	7	条	¥44.80
卡侬线	Q801	7.4	8	条	¥59.20
AV线	Q722	8.4	9	条	¥75.60
大三芯接头	6.35	9.4	10	条	¥94.00
				总价	

图2-3 填充公式

以下利用 SUM 函数计算总金额。首先选择 G9 单元格，然后选择“公式”选项卡，单击“自动求和”按钮，在 G9 单元格中即可显示公式，如图 2–4 所示。此时可以拖动鼠标选择要计算的数据，程序默认选择的是 G2：G8 单元格区域，按【Enter】键确认，即可得到最终结果，如图 2–5 所示。

B	C	D	E	F	G
设备名称	规格参数	单价	数量	单位	金额
喇叭线	100芯音箱线	3.4	4	米	¥13.60
音频线	Rvvp/2x0.5mm	4.4	5	米	¥22.00
DVI线	DVI-D	5.4	6	条	¥32.40
耳机线	3.5mm接头	6.4	7	条	¥44.80
卡侬线	Q801	7.4	8	条	¥59.20
AV线	Q722	8.4	9	条	¥75.60
大三芯接头	6.35	9.4	10	条	¥94.00
				总价	=SUM(G2:G8)

图2-4 插入求和公式

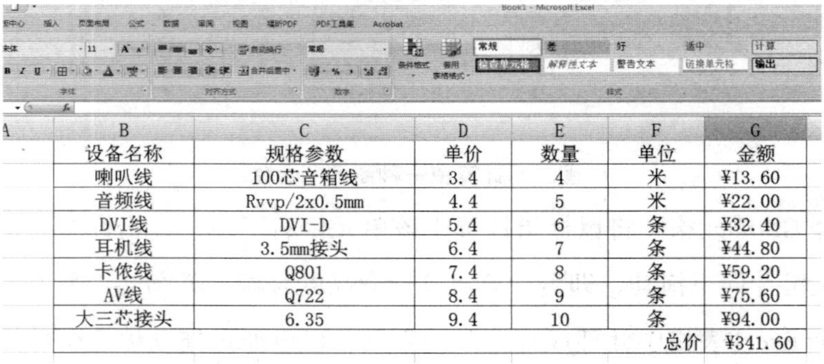

B	C	D	E	F	G
设备名称	规格参数	单价	数量	单位	金额
喇叭线	100芯音箱线	3.4	4	米	¥13.60
音频线	Rvvp/2x0.5mm	4.4	5	米	¥22.00
DVI线	DVI-D	5.4	6	条	¥32.40
耳机线	3.5mm接头	6.4	7	条	¥44.80
卡侬线	Q801	7.4	8	条	¥59.20
AV线	Q722	8.4	9	条	¥75.60
大三芯接头	6.35	9.4	10	条	¥94.00
				总价	¥341.60

图2-5 得出总价结果

采用同样的方法计算另一个商品信息表中的数据，如图 2-6 所示。最后，需要在一个工作表中统计每一个种类的总金额或每个工程单体的总金额，这时只需在表中输入名称和批次，并在金额单元格中输入相应的公式。首先输入等号，然后输入工作表名称，在名称后加一个叹号“！”再输入总价金额的单元格引用位置，即“＝表一！ G9”，按【Enter】键确认，即可得出结果，如图 2-7 所示。这相当于链接了“表一”中的总价数据，修改“表一”中每种商品的单价和数量时，汇总表中的总价金额也会自动修改，这样可以大大减少工作量。

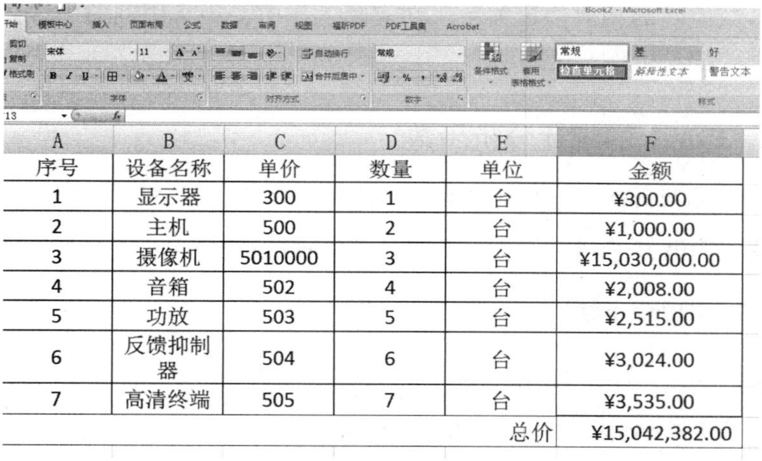

序号	设备名称	单价	数量	单位	金额
1	显示器	300	1	台	¥300.00
2	主机	500	2	台	¥1,000.00
3	摄像机	5010000	3	台	¥15,030,000.00
4	音箱	502	4	台	¥2,008.00
5	功放	503	5	台	¥2,515.00
6	反馈抑制器	504	6	台	¥3,024.00
7	高清终端	505	7	台	¥3,535.00
				总价	¥15,042,382.00

图2-6 计算另一个表中的数据

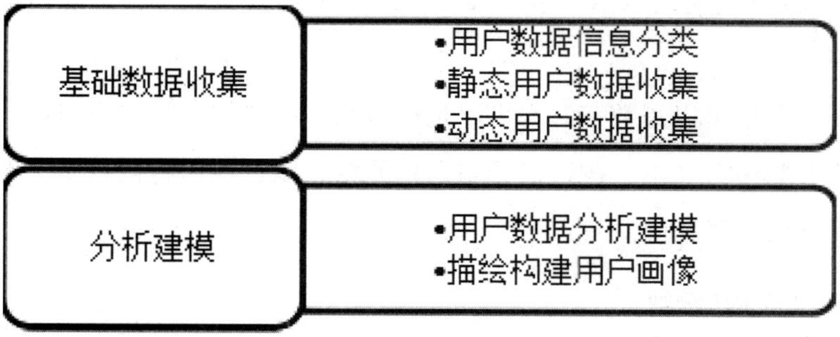

图2-7 汇总表

二、Excel 的数据分析功能

用 Excel 描述单变量数据的方式主要有以下三种：

第一，描述统计：指针对某一组数据，算出该组数据的平均值、标准误差、中位数、众数、方差、标准差等指标，并通过这些指标发现该组数据的分布状态、数字特征等内在规律。

第二，直方图：主要用于快速地对一组数据中每个分段数据的量进行统计，然后将统计结果绘制成相应的柱形图，以便用户更简单、直观地分析数据组中数据的频数分布情况。

第三，排位与百分比排位：利用 Excel 的排位与百分比排位功能可以生成一个数据表，表中包含了数据中各个数值的顺序排位与百分比排位，用来分析数据中各数值间的相对位置关系。在实际工作中，经常用到的是描述统计和直方图。

三、Excel 的统计分析函数

Excel 中常见的统计分析函数有 AVERAGE 函数、COUNT / COUNTIF 函数、MAX 函数、MIN 函数等，以下分别对其进行简要介绍。

（一）AVERAGE 函数

功能：返回参数的平均值。

函数语法：AVERAGE（number1，[number2]，…）。

参数：number1 表示要计算平均值的第一个数字、单元格引用或单元格区域；number2 为可选参数，表示要计算平均值的其他数字、单元格引用或单元格区域。

说明：参数可以是数字，也可以是包含数字的名称、数组或引用。如果数组或引用参数包含文本、逻辑值或空白单元格，则这些值将被忽略，但包含零值的单元格将计算在内。

（二）COUNT 函数

功能：计算包含数字的单元格及参数列表中数字的个数，使用 COUNT 函数可以获取区域或数字数组中数字字段的输入项的个数。

函数语法：COUNT（valuel，[value2]）

参数：valuel 为要计算其中数字的个数的第一个项、单元格引用或区域；

value2 为要计算其中数字的个数的其他项、单元格引用或区域。

（三）COUNTIF 函数

功能：对区域中满足单个指定条件的单元格进行计数。

函数语法：COUNTIF（range，criteria）。

range：要对其进行计数的一个或多个单元格，其中包括数字或名称、数组或包含数字的引用。空值和文本值将被忽略。

criteria：用于定义将对哪些单元格进行计数的数字、表达式、单元格引用或文本字符串。

（四）MAX 函数

功能：返回一组值中的最大值。

函数语法：MAX（numberl，［number2］，…）。

参数：number1、number2 等参数可以是数字，也可以是包含数字的名称、数组或引用。

（五）MIN 函数

功能：返回一组值中的最小值。

语法：MIN（number1，number2）。

参数：number1、number2 等参数可以是数字，也可以是包含数字的名称、数组或引用。

四、Excel 的数据透视表功能

数据透视表是一种交互式的表格，可以进行某些计算，如求和与计数等，所进行的计算与数据及数据在数据透视表中的排列有关。之所以称之为数据透视表，是因为它可以动态地改变版面布置，以便用户按照不同的方式来分析数据，也可以重新安排行号、列标和页字段。每一次改变版面布置时，数据透视表就会立即按照新的布置方式重新计算数据。另外，如果原始数据被更改，那么数据透视表也可以进行更新。使用数据透视表应注意以下方面：

（一）数据透视表缓存大小不同

每次在新建数据透视表或数据透视图时，Excel 均会将报表数据的副本存储在内存中，并自动将其保存为工作簿文件的一部分。这样，每张新的报表均需要额外的内存和磁盘空间。但是，若将现有的数据透视表作为同一个工作簿中新报表的源数据，则两张报表就可以共享同一个数据副本。因为可以重复使用存储区，所以工作簿文件的容量会变小，内存中的数据也会减少。

（二）用作其他报表源数据的位置要求

若要将某个数据透视表用作其他报表的源数据，则两个报表必须位于同一工作簿中。若源数据透视表位于另一工作簿中，则需要将源报表复制到新建报表的工作簿中。不同工作簿中的数据透视表和数据透视图是独立的，它们在内存和工作簿文件中都有各自的数据副本。

（三）更改数据会同时影响两个报表

在刷新新报表中的数据时，Excel 也会同时更新源报表中的数据，反之亦然。若对某个报表中的项进行分组或取消分组，则会同时影响两个报表中的分组内容。若在某个报表中创建了计算字段或计算项，则也会同时影响两个报表。

计算字段是指使用用户创建的公式计算数据透视表或数据透视图中的字段，也可使用数据透视表或者数据透视图中其他字段中的内容执行计算。计算项是指数据透视表字段或数据透视图字段中的项，该项可以使用用户创建的公式进行计算，也可以使用数据透视表或者数据透视图中相同字段中其他项的内容进行计算。

（四）数据透视图与数据透视图报表

用户可以基于其他数据透视表创建新的数据透视表或数据透视图报表，但不能直接基于其他数据透视图报表创建报表。不过，每当创建数据透视图报表时，Excel 都会基于相同的数据创建一个相关联的数据透视表。对数据透视图报表所做的更改会影响与之相关联的数据透视表，反之亦然。

相关联的数据透视表就是为数据透视图提供源数据的数据透视表。在新建数据透视图时，系统会自动创建数据透视表。若更改其中一个报表的布局，则另一个报表也会随之更改。

第二节　Power BI 与商务数据分析

Power BI 是一款商务智能软件，其全称是 Power BI 决策分析系统。它可以将 ERP 等信息系统的数据直接延伸到决策者的桌面，达成信息化的“最后一公里”，让决策者直接操控企业经营数据，从而真正体验到信息化的价值。

Power BI 不仅能及时、准确地呈现关键信息，让决策者远离信息“洪水”，有更多的机会来进行思考，还可以任意关联与选取相关信息，使决策者的思维不再受到任何限制。

一、Power BI 概述

（一）Power BI 的组成部分

Power BI 是软件服务、应用和连接器的集合，它们协同工作以将相关数据来源转换为连贯的视觉逼真的交互式见解。无论是数据、简单的 Excel 电子表格，还是基于云和本地混合数据仓库的集合，Power BI 都可以让用户轻松地连接到数据源，直观地看到（或发现）重要内容，与任何所希望的人进行共享。Power BI 是一款 BI 工具，能够在较短的时间内生成各种炫酷的报表，其主要功能就是报表制作与发布。

Power BI 包含 Power BI 桌面应用、Power BI 在线应用及 Power BI 移动应用。这三个元素——桌面应用、在线应用和移动应用，旨在使用户通过最有效的方式创建、共享和使用商业见解。

（二）Power BI 的构建模块

在 Power BI 中执行的所有操作都可以分解为几个基本的构建模块。了解这些构建模块后，可以将其中每个模块进行展开，并开始创建详细且复杂的报表。再复杂的事物也是由基本构建模块构建而来的，就像建筑物由木材、钢、混凝土和玻璃等建造，车辆由金属、织物和橡胶等制成一样。当然，建筑物和车辆也有基本和复杂之分，其复杂程度主要取决于这些基本构建模块的排列方式。Power BI 中的基本构建模块包括以下五个部分：

第一，可视化效果——数据的可视化表示形式，有时简称为视觉对象。

第二，数据集——Power BI 用来创建可视化效果的数据集合。

第三，报表——来自跨一个或多个页面的数据集的视觉对象集合。

第四，仪表板——生成于报表的单页视觉对象集合。

第五，磁贴——在报表或仪表板中找到的单个可视化效果。

（三）Power BI 的操作流程

Power BI 的操作流程如下：

第一，将数据导入 Power BI 桌面应用，并创建报表。

第二，发布到 Power BI 在线应用，可以在该应用中创建新的可视化效果或构建仪表板。

第三，与他人（尤其是差旅人员）共享仪表板。

第四，在 Power BI 移动应用中查看共享仪表板和报表，并与其交互。

（四）Power BI 的主要特点

1. 抓取数据

Power BI 能够从各种数据源中抓取数据进行分析，除了支持微软产品（如 Excel、SQLServer 等），以及各类数据库（如 Oracle、My SQL、IBMDB 2 等）之外，还支持从 R 语言脚本、HDFS 文件系统、Spark 平台等导入数据。此时，Power BI 还支持直接从网页中抓取数据。

2. 易用性

Power BI 采用“拖拉控件式”的图形化开发模式，将数据研究从可视化的泥潭中解放出来，更加便于用户进行数据管理、算法研究与业务沟通。

3. 方便、简易

使用 Power BI 在 10 分钟之内就可以做好图表，稍加美化就可以让图表看上去非常精美。而同样的工作若使用其他工具软件则需要很长的时间，所以 Power BI 在制作图表方面更加方便、简易。

（五）Power BI 的使用方法

Power BI 使用起来简单且快速，它能根据 Excel 电子表格或本地数据库快速创建图表。同时，使用 Power BI 还可以进行建模、实时分析，以及自定义开发等工作。因此，它不仅可以作为个人报表和可视化工具，还可以作为项目组、部门甚至整个企业背后的分析和决策引擎。打开 Power BI，注册并登录账号以后，就会显示工作窗口。

1. 导入数据

在“开始”选项卡下单击“获取数据”下拉按钮，在弹出的下拉列表中选择导入文件的格式。例如，选择最常见的 Excel 格式。系统打开“打开”对话框，找到需要导入文件的位置，选择要导入的文件，然后单击“打开”按钮。

系统载入文件后，打开“导航器”对话框。选择要导入的 Excel 工作表，然后单击“加载”按钮。此时，系统即可将文件加载到 Power BI 工作窗口中。在左侧单击“数据”按钮，进入数据视图，查看导入的数据表，可以看到各列的字段名称显示不正常，需要对数据表进行一些必要的编辑操作。

2. 编辑数据

在“开始”选项卡下单击“编辑查询”按钮，打开“Power Query 编辑器”窗口。在左侧选择要编辑的工作表，然后选择“转换”选项卡，单击“将第一行用作标题”按钮。接下来删除该数据表中的空行。选择“开始”选项卡，在“减少行”组中单击“删除行”下拉按钮，选择“删除空行”选项，即可删除该数据表中的空行。对多余的列，可选中要删除的列，然后在“管理列”组中单击“删除列”按钮。选中“折扣率”列并单击鼠标右键，在弹出的快捷菜单中可以更改数字类型，如选择“更改类型”“百分比”命令，折扣率就会变为百分比样式。

3. 建立关系

在完成数据的导入和清洗之后，接下来就要开始建立几组数据之间的关系了。在进行数据分析时，需要先生成关系图，才可以制作各种数据之间的报表图。单击工作窗口左侧的“关系”按钮，进入“关系管理”窗口，程序会自动识别工作表中的关系图。对不正确的关系图，可以在其连线上单击鼠标右键，在弹出的快捷菜单中选择“删除”命令。系统弹出“删除关系”提示信息框，单击“删除”按钮。

若要手动创建关系，则可以在功能区中单击“管理关系”按钮，系统打开“管理关系”对话框，从中创建新关系。两者建立关系的条件是其中一者必须具有唯一值，建立唯一值，直接删除数据是不可取的，因为在删除重复值的同时会将其他数据一并删除，这时可以对数据进行“升维”。升维指建立一个公共值，并使其分别和这两组数据进行联系，这个公共值就如同饭桌上的公用筷，大家可以一起使用。

4. 创建报表

Power BI 提供了多种可视化元素，用于创建报表。单击工作窗口左侧的“报表”按钮，进入报表视图。在“可视化”窗格中单击“簇状条形图”按钮，即可插入条形图图表。在“字段”窗格中选择“销售数据”表格，然后将“商品名称”字段拖至“轴”区域，将“销售额”字段拖至“值”区域。在“可视化”窗格中单击“饼图”按钮，将“销售城市”字段拖至“图例”区域，将“销售额”字段拖至“值”区域。采用同样的方法设置其他图表的格式。在图表中单击可以进行相应的数据筛选，查看报表效果。

二、Power BI 的适用场景

（一）财务

用户利用 Power BI 可以轻松地获取外部、本地的各种财务数据，还可以利用其具有拖放功能的可视化工具快速地完成对财务状况的分析。

1. 财务业绩

用户利用 Power BI 可以快速地将各种数据来源汇集成完整信息。

（1）在单一视图中就能查看从概要陈述到账户等级详细信息的所有数据。

（2）单击即可深入研究具体区域或细分市场。

（3）实时更新的数据有助于用户更快速地做出决定。

2. 费用管理

Power BI以单一窗格视图显示财务数据，且将所有数据源集中在单一模式中。

（1）它使用直观的可视化效果，帮助用户及早发现费用异常和其他异常状况。

（2）它帮助用户分析趋势和模式，主动寻找欺诈与滥用的迹象。

（3）它有自动更新功能，确保数据永远保持为最新。

3. 收入与盈利率

用户使用执行级财务仪表板可以快速得出答案。

（1）使用按需报表对最新的收入数据做出快速反应。

（2）集合数据，找出差异。

（3）用足够的时间进行预测，以便在必要时进行纠正。

4. 资本支出管理

Power BI 能够帮助用户空出更多的时间进行策略分析，让用户不再四处搜寻数据。

（1）数据实时更新，帮助用户更早地发现意外的成本增加。

（2）帮助用户快速应对变化，并采取纠正措施。

（3）用户只需单击几下即可与相关团队分享报表。

（二）市场营销

1. 市场占有率

Power BI 可帮用户找到可行的见解，并立即将其发布到能从所有设备进行访问的交互式仪表板上。

（1）利用交互式可视化发布并呈现出市场占有率。

（2）Power BI 帮用户更好地观察市场活动的方方面面，从而更快地采取纠正措施。

（3）用户可以使用任何设备（包括移动设备）随时随地共享发现。

2. 市场活动分析

Power BI 使用可以访问结果的交互式仪表板，将市场数据转变为切实可行的见解。

（1）帮用户实时分析市场活动。

（2）帮用户判断消费者的消费趋势和情绪变化。

（3）帮用户对比不同细分市场、市场活动、渠道等的实际收入、成本和投资回报率。

3. Web 和社交分析

Power BI 帮用户在同一位置查看 Web、电子邮件和社交分析，以便了解整体状况。

（1）帮用户实时跟踪客户感受。

（2）帮用户根据新兴趋势调整网络和社会市场活动。

（3）帮用户监视客户对社会媒体策略的反应。

4. 电子邮件分析

Power BI 利用实时信息正确地传递投资回报率等重要的结果。

（1）Power BI 有新颖的仪表板和报表，能帮用户快速了解市场活动成果。

（2）帮用户对比不同市场活动、客户群和地区的结果。

（3）帮用户探索如何让市场营销方法更好地适应特定客户。

（三）销售

1. 定额管理

Power BI 能帮用户根据过去和现在的信息为将来制定以数据为导向的决策。

（1）帮用户深入了解相对于预测的销售进度。

（2）帮用户轻松分析特定地区或者个人账户所有者的绩效。

2. 销售趋势

Power BI 提供与他人快速共享互动式视觉对象的功能，让团队成员掌握最新信息。

（1）帮团队成员跟踪销售趋势，以优化策略，并通知长期业务计划。

（2）允许销售团队分享见解。

（3）帮团队成员动态调整策略，并在所有设备上实时更新。

3. 销售业绩

用户利用 Power BI 可以统一、全面地查看各细分市场的销售业绩。

（1）用户可以利用实时数据和实时仪表板查看当前销售业绩。

（2）用户可以轻松找出公司中业绩不佳的区域。

（3）用户可以确定各细分市场实际收入和销售目标之间的差异。

4. 渠道报表

用户可以通过快速访问详细的销售数据，制定更为周全的决策。

（1）实时跟踪销售渠道。

（2）准确传达销售预测和计划。

（3）在一个位置轻松连接和操作数据，进行更加全面的分析。

（四）人力资源

1. 合规性训练

用户可以使用可访问详细数据的交互式仪表板，做出周全的决定。

（1）根据目标和基于角色的指标，监督个人进步和成长。

（2）通过点击进入基础数据，进行实时调查。

（3）利用 Power BI 直观的问答格式，以自然语言进行提问。

2. 人数摘要

用户可以在同一位置查看当前情况并预测需求，更有效地制订计划。

（1）深入了解员工留任和离职的最新趋势。

（2）通过使用数据自动刷新功能，让数据保持最新。

（3）开启手机提醒功能，在招聘渠道发生变动时进行提醒。

（五）IT

1. IT 支出

用户在一个位置就可以查看所有内容，包括网络系统、服务、应用程序和安全数据。

（1）将 Power BI 轻松连接到其他工具。

（2）将 Power BI 与现有解决方案集成，进行端对端的数据分析。

（3）能够与 Microsoft 产品（如 Azure Active Directory）和非 Microsoft 产品（如 SAP）很好地结合使用。

2. 技术支持

用户可以实时跟踪关键指标，以便更早地发现风险。

（1）根据趋势数据优化技术支持资源，简化票证解决方案。

（2）以可视化方式实时对比关键指标，包括技术支持流量和首要问题。

（3）提高客户满意度，与客户建立更好的关系。

3. 安全性与合规性

Power BI 将多个来源合并为单一模型，更方便地生成报表，从而让用户能够更独立地使用数据。

（1）用户能及早发现合规性风险，加强网络安全。

（2）用户能实时跟踪数据，判断其是否遵从安全性、软件标准和其他标准。

（3）用户能集中网络访问日志等安全数据，并在单个仪表板上以可视化方式显示。

（六）操作

1. 生产

Power BI 可以结合从生产到销售的数据，帮助用户加深了解。

（1）用户能利用现场直播仪表板在工厂、车间召开站立会议。

（2）用户能优化生产流程，提高绩效。

（3）用户能轻松找出流程中需要改善的地方。

2. 商店业绩

用户通过点击即可分享最新运营数据，让团队达成共识。

（1）用户能始终了解不同地区的分配。

（2）用户可以使用能够反映全局的实时指标严密管理库存数量。

（3）用户能轻松找出趋势，更好地分析出应该优先发展哪个产品。

3. 申报额

借助对发货间隔、库存不足和其他具有时效性需求的移动提醒，用户能做出更快速的反应。

（1）用户能通过分析过去的总申报额、生产量或发货次数等指标来提高效率。

（2）仪表板具有拖放功能和令人惊叹的视觉对象，便于用户查看其上面的数据。

（3）用户能维护各部门之间的一致性，使其更易于管理。

三、Power BI 商务数据分析案例

BESTSELLER 时装集团总部位于丹麦，旗下拥有 10 余个欧洲畅销品牌，在全球 48 个国家或地区设有专卖店，绫致时装有限公司是其旗下子公司。多年以来，绫致时装有限公司始终重视信息化对业务的支持作用。对绫致时装有限公司来说，信息化中最核心的环节便是对与业务相关的数据进行分析。

在整个零售界，利用积累的经营数据，配合优秀的 BI 方案，已经成为一种成熟的应用模式，能够帮助企业提升自身的经营效益和行业竞争力。绫致时装有限公司要想在竞争日益激烈的服饰行业中保持领先地位，就需要更好地利用 BI 工具分析零售经营中的各种数据，摸清日常经营与顾客购买过程中的内在规律，让企业能够更稳健地实现收入的增长。然而，在多年的 BI 实践中，绫致时装有限公司却遇到了一系列的问题和挑战。首先是来自技术上的门槛，企业之前采用的 BI 工具需要自行在本地部署，所以 IT 和数据团队需要负责所有的运维与开发工作，不仅工作压力大，而且成本高昂。其次是报表的开发及分发时效性低，开发周期长，使数据报表无法及时地满足业务部门的需求，展现效果单一，让决策者无法及时地针对市场变化做出合理的决策。此外，随着门店和员工数量的增长，基于本地部署的 BI 平台在性能上也无法满足高并发访问的需求。

（一）解决方案

为了解决企业在BI平台系统建设、管理、运维和使用等方面面临的问题，绫致时装有限公司决定使用新的解决方案替代原有本地部署的BI平台，使用经过大型企业应用验证且具有海量数据处理能力的云端BI解决方案。

使用该方案能够实现与企业门户的整合，并能针对业务系统提供可集成性、安全性、可扩展性等方面良好的支持。经过对市场上主流BI平台进行全面的评估，绫致时装有限公司最终选择了微软的Power BI这一解决方案，其核心应用如下：

1. 整合数据源，提供可视化展现效果

绫致时装有限公司的BI团队与微软技术团队展开合作，利用Power BI对数据来源的广泛支持，导入来自SAPHANA、SQL Server等多个业务系统数据平台的数据，以充分利用企业长期积累的数据蕴含的价值。

分析师通过收集业务需求，根据不同的人员角色、部门需求和维度，利用丰富的可视化资源，在数分钟内就完成了交互式的设计。对特殊的定制化需求，技术团队也能在Power BI平台的基础上实现控件的开发，以拓展BI平台的能力。

2. 借助移动和跨平台能力提供支持

在Power BI的使用过程中，绫致时装有限公司充分利用了Power BI所提供的跨平台能力，为企业管理层、内部运营团队、一线门店店长等不同的角色提供了可以快速访问的数据仪表板服务。在业务中引入Power BI，也让绫致时装有限公司实现了对自带设备及移动办公的支持。内部运营团队的巡店人员、门店店长可以方便地使用平板电脑或智能手机了解业务情况；也可以利用移动设备扫描商品条码，及时了解产品的销量、库存等信息，了解顾客喜好和消费趋势，以互动报表替代传统的人工分析和枯燥的数据，提升了业务人员的工作效率。

绫致时装有限公司基于Power BI的数据可视化解决方案已在企业旗下ONLY品牌的2000余家门店得到应用，并获得了店长的一致认可和良好反馈，企业正计划在更多的品牌门店和区域进行大面积推广，以全面助力企业运营效率的提升。

（二）企业收益

通过使用微软 Power BI 解决方案，绫致时装有限公司在业务运营、IT 数据管理等方面取得了一系列显著的收益。这些收益包括以下三个方面：

1. 把握业务动态，快速响应市场需求

Power BI 的多种报表展示方式为绫致时装公司的管理者、一线业务人员提供了获取业务洞察力的便捷方式。用户可以每天通过桌面应用、移动 App、Web 浏览器等随时随地访问所需的数据仪表板和交互式报表，借助丰富的可视化信息在数分钟内清晰地了解当前业务的运营状况，并根据关键指标做出更符合市场需求的决策。尤其是在节假日促销等零售业波动较大的时段，业务人员借助 Power BI 的支持能够更有信心地迎接来自市场的挑战。

2. 减轻数据平台压力，实现成本精确控制

借助 Power BI 这一基于云的 BI 平台，绫致时装有限公司大幅降低了数据平台和 IT 系统维护的成本。与传统的需要依赖本地服务器部署的 BI 平台不同，Power BI 完全运行在云端，并且提供了可靠的 SLA，让企业无须自行承担本地运维所需的人力和财力成本，只需关注数据的采集，即可获得现代化的商业智能与数据洞察体验。

此外，由于 Power BI 提供了清晰的定价体系，绫致时装有限公司能够根据预算和需求灵活地进行选择，实现了对成本的精确控制。

3. 持续合作，让 BI 赋能每一名员工

未来，绫致时装有限公司将继续与微软深度合作，逐步采用 Power BI Premium 版本将 BI 带给每一名员工，赋予员工更强大的业务洞察力，让企业实现快速发展。Power BI Premium 更适用于大型组织机构，它提供了更加稳定的性能和更大的数据卷，并提供了只读模式，让企业可以广泛地分发仪表板，而不需要为每名收件者单独购买许可证。

对绫致时装有限公司来说，企业可以用更低的成本让更多的门店管理者、销售人员、运营团队获得其所需的报表，对业务实现精细化管理和运营，更准确地了解顾客喜好，从而为顾客提供更优质的购物体验。

第三节　爬虫软件与商务数据分析

截至 2021 年 6 月，我国网站数量为 422 万个。用户只需点点鼠标就可以获得巨大的数据量。任何个人、公司和组织都能获得其想要的数据，只要这些数据在网页上是公开、可用的。而且只要有互联网，就有网络爬取。网络爬虫在商务数据分析中会起到越来越重要的作用。

爬虫全称网络爬虫，又称网络蜘蛛，是一种能够按照一定规则自动爬取网络数据的程序或脚本。这里所说的网络数据，指在互联网上公开的且可以访问到的网页信息，而不是网站的后台信息。

搜索引擎就是典型的爬虫应用，例如百度搜索，其背后就有一套大型且复杂的系统在运作。通过爬虫把其他网站上的网页信息爬取下来，然后存入自己的数据库，再提供给用户检索查询。

一、爬虫软件的工作原理

“网络爬虫软件为搜索引擎的重要组成部分，包括核心设计、调度模块设计、解析模块设计、连接模块设计，该软件应随着信息类别数量的变化而不断优化更新。”[①] 如果把互联网比作一张蜘蛛网，那么爬虫就是在上面爬来爬去的蜘蛛。爬虫就是从网站上的某个页面（通常是网站首页，也可以是指定的网页地址）开始爬取网页上的信息，并找到网页中的其他链接，通过这些链接访问到下一个网页，这样一直循环下去，直到把这个网站上能够访问到的页面爬取完为止，并且爬取网页的数量和链接深度还可以进行自定义设置。

二、网络爬虫的使用方法

第一，使用爬虫软件。人们通常使用现成的爬虫软件，这种软件已经集成了很多常用的功能，也能支持复杂的网页结构类型，可以满足大部分用户的数

① 葛晓玢，刘杰．网络爬虫软件模块设计研究［J］．黑河学院学报，2018，9（10）：209.

据采集需求，并且具有可视化的操作界面，是新手入门的最佳选择。例如集搜客、八爪鱼等爬虫软件，都支持多种网页类型的信息采集，性能稳定，采集高效，可以节省大量编程调试的时间。

第二，自行编写脚本。另一种方法是编写爬虫脚本，如 Python 就是一种主流的爬虫程序语言，它提供了很多类库，可以直接引用，但人们每次编写爬虫脚本时可能会遇到不少问题，需要大量的调试时间，要做好心理准备。

三、网络爬虫的应用场景

目前，大数据技术被应用于各行各业，很多人通过爬虫来收集网页信息。以下列举一些典型的应用场景：

第一，收集电商网站的商品数据。用户利用爬虫软件可以对电商网站的商品数据（如品牌、价格、销量、规格、型号等）进行收集，然后分析该网站的畅销品牌、畅销品类、价格走势等，涵盖的信息量非常大。

第二，爬取微博、BBS 允许的数据。用户利用爬虫软件可以针对某个主题从微博、论坛上爬取相关信息，挖掘出关于该主题的一些有趣的信息。

第三，爬取新闻。用户利用爬虫软件可以爬取各大门户网站的新闻、各类电子报刊的新闻。例如，爬取百度新闻上关于某个关键字的信息，并于每周梳理出几个关键词，以抓住行业动向。

第四，爬取学术信息。用户利用爬虫软件可以爬取一些学术网站上的信息以学习研究，例如，在中国知网查询一个关键词“大数据”，就会出现很多与大数据相关的文献，点击进去就能看到每个文献的基本信息、文章摘要等。但若逐个点击查看，则会很耗费时间，这时可以写一个爬虫脚本，将这些数据按照规范的格式全部爬取下来，以后无论是阅读还是做进一步分析，都会方便很多。

第三章　商务数据分析的一般流程

第一节　商务数据的来源

目前，微博、天猫、淘宝、微信等平台都会直接产生包括定位、消息记录、消费记录、评价等大量信息。换言之，互联网企业都自然地带有数据企业的标签。然而，对数据分析而言，目前还存在许多基础层面的问题。例如，不知道从哪里获取数据，不知道用什么数据分析工具，不清楚数据分析的方法论和框架等，以致大部分的数据分析都流于形式。以下将从三个方面对数据来源进行划分：

一、依据数据资料的性质划分

依据数据资料的性质可以将其分为一手资料与二手资料。一手资料主要是经过自己直接收集整理及从直接经验中所获得的资料，而二手资料主要是借用他人的经验或成果。一手资料来源主要包括以下四点：①用户的行为数据；②问卷调研情况；③用户访谈情况；④产品前台反馈的数据和后台数据。二手资料来源主要包括研究报告和文献资料。

二、依据数据来源的范围划分

依据数据来源的范围可以将其分为外部数据和内部数据。以下以互联网企业为例来进行说明，其外部数据包括以下四点：

第一，社会人口数据：人口的概况、人口的分布、人口的素质、民族的构成等。

第二，宏观经济数据：生产总值、国民生产总收入、消费水平等。

第三，新闻舆论数据：新闻的广告、舆论的监测等。

第四，市场调研数据：对渠道、广告、产品及价格方面的调研数据。

内部数据包括用户行为数据、服务端日志数据、客户关系管理数据和交易数据等。其中，用户行为数据指用户在网站的停留时间、跳出率、回访次数及回访率等。

三、依据数据来源的对象划分

依据数据来源的对象可以将其分为日常采集数据、专题获取数据及外部环境数据。

（一）日常采集数据

日常采集数据主要包括点击流数据和业务运营数据，具体如下：

第一，点击流数据。点击流数据包括页面的访问数、浏览数，以及在页面的停留时间等数据。

第二，业务运营数据。业务运营数据包括销售额、订单量、客户购买数量等直接用于衡量网站的绩效和目标的数据，这些数据主要存放在企业资源计划（ERP）、CRM 系统等数据库后台。

（二）专题获取数据

专题获取数据包括实验测试数据和用户调研数据，具体如下：

第一，实验测试数据。为了分析某些专题临时采集的数据，如网站改版、用户体验优化等。

第二，用户调研数据。通过问卷调查、客户访谈等定性调研方式获取的用户数据。

（三）外部环境数据

外部环境数据主要包括行业发展数据和竞争对手数据，具体如下：

第一，行业发展数据。一般来自第三方咨询公司发布的免费行业数据报告，通过与这些行业数据进行对比，可以找出自身的不足，并从中挖掘出有用的行业信息。

第二，竞争对手数据。对竞争对手数据进行分析，是发现自身优劣势的一种有效的方法和途径。

第二节 商务数据的采集

一、商务数据的采集步骤

（一）识别信息需求

识别信息需求既是管理者的职责，也是确保数据分析过程有效性的首要条件。数据采集切忌大而全，管理者应根据决策和过程控制的需求提出对信息的长远和当前阶段的需求，从而让数据的采集更有针对性，分析更有目的性，执行更加高效。

要想准确地识别信息需求，管理者需要运用各种指标。指标用来衡量具体的运营效果，如浏览量、销售额、转化率等。指标的选择源于具体的业务需求，类似于杜邦分析法，首先要找到分析的核心关键指标，然后在此基础上将其与关键事件或行为结合，逐级分解为多项指标的乘积，以此来分析企业的经营绩效。

管理者首先要明确关键绩效指标，然后选择一个核心关键指标来检测。如果是创业公司，初期需要拉新，那么核心指标就是注册用户数或新访客数；如果是资讯媒体，就需要注重影响力及覆盖面，其核心指标就是阅读数和浏览量。

以下以一个电商网站为例来说明指标的构建过程：

首先，要明确核心关键指标。电商网站的主要业务是销售商品，希望通过数据分析来提升网站的销售额，所以核心关键指标就是销售额。

其次，要找到用户的关键购买行为，包括访问网站、浏览商品、注册账号、加入购物车、结算支付等，然后基于用户的关键购买行为进行指标分解，找到对应的指标，如访客流量、下单转化率、支付转化率、客单价等。

（二）明确分析对象

无论是哪种运营岗位，都需要明确其目标用户的特征、目标用户关注的重点及痛点，也就是需要明确具体的分析对象，即分析维度。维度是用来对指标进行细分的属性，在具体选择维度时，应遵循的原则是记录那些可能对指标产生影响的维度。分析维度主要包括以下四个方面：

第一，人口属性。从性别、年龄、职业、爱好、国家、城市、地区等方面的具体指标来衡量。

第二，设备属性。设备属性包括使用的平台类型、设备品牌、设备型号、屏幕大小、浏览器类型、屏幕方向等。

第三，流量属性。流量属性表现在访客来源、广告来源、广告内容、搜索词及页面来源等。

第四，行为属性。行为属性主要包括用户活跃度、是否注册用户、是否下单、是否支付等行为。

（三）按需求采集数据

明确分析对象后，接下来的工作就是按需求采集数据。首先，由数据需求人员整理出需求的数据指标和分析的维度，然后由技术人员带着需求和分析目标来采集数据。这样不仅避免了因为数据冗余而无从下手，也避免了全量采集数据之后却不知道要分析什么的尴尬。数据需求人员和技术人员的协同，能够有效地提升后期数据分析的价值和效率。

二、商务数据的采集方法

一般企业获得数据的途径大多是采用网络爬虫技术，或者通过人工解决，但耗时耗力。以下将对常见的数据采集方法进行介绍，主要针对定性数据和定量数据进行采集。

定性数据主要通过问卷调研和用户访谈的方法来获取；而定量数据又分为内部数据和外部数据两种。其中内部数据可以通过网站日志、业务数据库来获取；外部数据则主要采用网络爬虫抓取的方法来获得，即通过编写脚本语言，按照一定的规则来抓取网络上的信息。当然，外部数据的采集也可以借助第三方统计平台来实现。从某种意义上来说，第三方统计平台可以降低中小企业数据采集的门槛。

（一）问卷调研

一般在做用户画像时，都会用到问卷调研工具。在进行问卷调研时，调研者需要首先考虑样本的容量，然后才是内容的设计，并按照“确定调研目标→设计问卷→投放问卷→问卷收集汇总→调研结果分析”的步骤展开调研。

（二）用户访谈

在访谈之前，首先要确定访谈目标，然后设计访谈提纲，接着选择访谈对象，并对访谈及相应的情况进行记录，最后对访谈结果进行分析。在分析访谈结果时，可以采用关键词提炼法针对每个用户对每个问题的回答进行关键词的提炼，并按照关键词的频次进行排序，将共性词进行汇总。

（三）网站日志

使用网站日志对用户数据及相应行为进行分析，优点是能够保证用户的使用行为可以查询。例如，用户访问数、页面浏览数、停留时长等点击流数据均可通过网站日志来获得。同时，针对用户的一些误操作，还可以通过日志文件进行恢复。在实际运用中，由于从打印日志到处理日志，再到输出统计结果，整个过程很容易出错，所以经常出现业务运行和统计分析两种数据流相分离的情况。

（四）业务数据库

互联网产品后端都有业务数据库，其中存储了销售量、订单量、购买用户数等指标数据。一般通过这种方式获得的数据都是实时、准确的，可以直接用于衡量网站的绩效和目标。但是，业务数据库设计的初衷是满足企业正常的业务运转，用于机器读写访问，所以为了提升性能，往往会进行一些分表操作，一般一个正常的业务会被分成几十张甚至上百张业务数据表，这些表格之间有着复杂的依赖关系，这就可能导致业务分析人员很难理解业务数据表的含义。另外，业务数据表的设计在于高并发、低延迟的小操作，而数据分析常常是针对大数据进行的批量操作，这是导致其性能差的一个重要因素。

（五）网络爬虫

网络爬虫，是一种按照一定的规则自动抓取万维网信息的程序或脚本，被广泛应用于互联网搜索引擎或其他类似网站，可以自动采集所有其能够访问到的页面内容，以获取或更新这些网站的内容和检索方式。从功能上讲，爬虫一般分为数据采集、数据处理与数据储存三个部分。所有被爬虫抓取的页面都会被系统存储，进行分析与过滤，并建立索引，以便之后查询和检索。

（六）第三方统计平台

第三方统计平台的分类，见表 3-1[①]。

表 3-1　第三方统计平台的分类

采集技术手段	平台名称	采集的数据类型	操作的复杂程度	采集的数据质量
无埋点（嵌入SDK）	百度统计等	前端数据	简单且免费	数据较粗糙
有埋点（自己写代码）	神策数据等	前后端数据均可	操作较复杂	数据更细致
有埋点+无埋点	数极客等	前后端数据均可	既有引导又有自由度	数据更细致

1. 数据埋点

数据埋点是一种良好的私有化部署数据采集方式，需要在用户企业的网页或客户端内写入相应的代码。一般通过数据埋点捕捉到的数据有以下三层：

第一层是基础层，如统计活跃用户量、新增注册用户数等前端数据。

第二层是页面统计。其本质是监控页面加载的行为，可以帮助数据分析人员了解某个页面被访问的人数与次数。除此之外，它还可以监控用户在某个页面的停留时长，这对统计诸如微博、朋友圈等追求停留时间的信息流产品页面信息而言具有非常重要的意义。

第三层是行为统计，通常也被称为“事件统计”。以 App 为例，一般可以将 App 网络架构分为四个层级，表层是表现层，其次是手机层，然后是服务器层，底层是数据表层和日志层。数据埋点场景发生在表现层中，其作用是监控

① 本节表格引自沈凤池．商务数据分析与应用 [M]．北京：人民邮电出版社，2019：9.

用户在表现层产生的行为，也就是用户对界面的操作。对用户交互界面响应事件的捕捉，可以帮助数据分析人员了解某个按钮的点击量及其对应的点击率。

2. 无埋点的第三方统计平台

以百度统计、友盟、Talking Data 等为代表的无埋点的第三方统计平台，通过嵌入相关的 SDK（软件开发工具包），利用其前端技术进行用户数据统计。该方式操作简便且免费，因此普及率较高，但通过 SDK 只能采集到前端数据，也就是只能采集到一些诸如网站访问量、活跃用户量、新增注册用户数等宏观的基础数据。

另外，即使对前端数据的采集也只是粗粒度的，例如，对提交订单的操作，订单的运费、成本价格、折扣情况等维度的信息均没有采集，最后只采集了“提交”这一个行为类型。那么，如果要做与订单相关的深度分析，如用户渠道转化、留存、多维度交叉分析等，则通过以上方式就很难实现。

3. 有埋点的第三方统计平台

为了满足现在电商企业要求的颗粒度更细、更为全面的数据，以及实时的统计分析需求，市场上出现了许多数据采集和分析服务商，如以神策数据为代表的有埋点的数据统计平台。它们除了能够提供用户基本属性信息、访问渠道等数据之外，还可以根据企业的需求对用户的行为进行更为细致的数据采集。

有埋点技术需要自己编写代码，操作过程相对复杂，但其前后端的数据均可采集。例如，当用户提交了一个订单时，有埋点技术不仅可以采集到提交订单这一行为事件，还可以获取该订单的具体商品类别信息。所以相比无埋点技术，有埋点技术采集的数据更细致。但是，有埋点技术也存在不足，因为目前大多数企业在采集数据前缺少科学的规划，大多在提出一个需求之后再写入代码，这很容易造成整个埋点铺设混乱，后期容易出现故障。

4. 有埋点 + 无埋点的第三方统计平台

还有一种以数极客为代表的，同时支持有埋点和无埋点两种方式采集数据的第三方统计平台。目前，数极客已经能够采集上百个维度的数据，在客户制定的不同维度的数据采集和分析的自由度上，它处在有埋点和无埋点两者之间，既给了用户一定的自由度，也没有忽略对用户的引导。当然，通过这种方式采集的数据也更细致。

第三节　商务数据的清洗

通过数据分析过程获得结果不仅仅只依赖算法，还依据数据的质量。正所谓“磨刀不误砍柴工”，好数据胜过复杂的模型，所以在进行数据分析之前对采集的数据进行清洗显得尤为重要。

数据清洗是发现并纠正数据文件中可识别错误的最后一道程序，是对数据的完整性、一致性和准确性进行重新审查和校验的过程。一般不符合要求的数据主要有缺失数据、重复数据和错误数据三大类，也就是所谓的“脏数据”。数据清洗的任务就是按照一定的规则把“脏数据”洗掉，目的在于删除重复信息，纠正存在的错误，并保证数据的一致性。

以下围绕数据清洗的目的，从缺失数据、重复数据和错误数据三个方面出发，通过运用一些简单的统计学检验和 Excel 表格工具来发现“脏数据”，并对其进行处理。

一、缺失数据的清洗

在实际的数据采集过程中，缺失值常常表示为空值或错误标识符（# DIV/0！）。为了保证数据的完整性，可以运用一些统计学方法查找缺失数据并对其进行处理。在查找缺失数据时，可以直接使用【Ctrl+G】组合键调出 Excel 表格中的定位功能，选择其中的错误或空值，就可以进一步查找到数据表中的错误值和空白值。对缺失数据的处理，一般可以采用三种方法：①有缺失数据的记录删除；②用一个样本计量的数据代替缺失数据；③用一个统计模型计算出来的数据代替缺失数据。

此处通过采用一个样本统计量的数据代替缺失数据的方法进行说明。在实际操作中，如果样本较大，缺失数据较多，则可以先利用【Ctrl+G】组合键定位出样本中的所有空值，然后利用【Ctrl+Enter】组合键在选中的空值单元格中一次性输入样本平均值。当缺失数据较少时，也可以通过选取数据前后若干天的数据取平均值作为缺失数据进行填充。

二、重复数据的清洗

重复数据一般可以分为两类，具体包括：①实体重复：所有字段完全重复。②字段重复：某一个或多个不该重复的字段重复，如 Name 字段重复。

为了保证数据的一致性，需要对重复数据进行处理。以 Excel 为例，对重复数据的查找一般采用以下四种方法：

第一，条件格式法。把重复的数据及所在单元格标为不同颜色进行识别，选择“开始”—“条件格式”—“突出”。

第二，高级筛选法。选择不重复的记录。利用 Excel 中筛选功能的“高级筛选”，选择不重复的记录。

第三，函数法。利用 COUNTIF 函数对重复数据进行识别。

第四，数据透视表法。统计各数据出现的频次。通过拖动相应字段，其中出现两次及以上的数据就属于重复项。

三、错误数据的清洗

除了缺失数据及重复数据之外，其他可能出现数据不规范的现象还有很多，如存在错误数据。为了保证数据的准确性，需要对错误数据进行处理。一般情况下，错误数据常常出现在以下两种情况中：

（一）被调查者输入的信息不符合要求

在进行问卷调查时，涉及多项选择题最多可选三项，答题者却选择了四项或四项以上。对于这种情况，可以结合 COUNTIF 函数，根据指定的条件利用 IF 函数来判断其真假，然后根据逻辑计算的真假值（TRUE 或 FALSE）返回相应的内容。

IF 函数的语法规则为：IF（logical test，value if true，value if false）。

logical test：表示计算结果为 TRUE 或 FALSE 的任意值（或表达式），该参数可以使用任何比较运算符（数学、比较、逻辑和引用运算符等）。

value if true：logical test 为 TRUE 时返回的值。

value if false：logical test 为 FALSE 时返回的值。

（二）手工录入错误

在使用二分法录入多选题时，出现了 0 和 1 之外的数据。对这种情况，可以采用条件格式，利用 OR 函数标记错误。该函数的语法规则为：OR（logical1，logical2，…）。在其参数组中，任何一个参数逻辑值为 TRUE 即返回 TRUE；所有参数的逻辑值为 FALSE 才返回 FALSE。

第四章 商务数据可视化及设计美化

第一节 商务数据可视化概述

一、数据可视化的内涵阐释

对于研究大规模数据的人员而言，数据可视化是指综合运用计算机图形学、图像、人机交互等技术，将采集或模拟的数据映射为可识别的图形、图像、视频或动画，并允许用户对数据进行交互分析的理论、方法和技术。而对于广大的编辑、设计师、数据分析师等需要呈现简单数据序列的人员而言，数据可视化是将数据用统计图表和信息图方式呈现，同样也符合“3+2”（“文字、图表、图像”+“声音、动画”）的基本构成元素。两种定义其实是从广义和狭义两个不同层面去理解，它们既不是对立的，也没有严格区分，仅是针对不同的业务场景。由于数据可视化本身是一个不断演变的概念，其边界在不断地扩大，因而，最好是对其加以宽泛的定义。

综上所述，数据可视化指的是利用图形、图像处理、计算机视觉及用户界面，通过表达、建模以及对立体、表面、属性和动画的显示，对数据加以可视化解释。对于数据可视化的定义，可以分为以下两个层面进行理解：

第一，数据可视化最直接的定义应该是将数据通过合适的图表进行展现，以便读者可以最迅速地理解数据所要传达的信息。从这个定义出发，凡是通过图表将数据展示出来的过程都可以称为数据可视化。

第二，通过深入分析数据可视化的要点可知，众多概念对数据可视化的理解其实都是在一些潜在的前提下提出自己对可视化的理解。想要更好地做好数据的可视化，就会涉及在开发系统的过程中以业务目标为导向的问题，至少包括：①数据可视化是为了更好地促进行动，所以要让行动的决策人看懂；②当需要在已知的图表类型中进行选择时，要先想想自己想要解决的到底是什么问题。

二、数据可视化的优势与作用

在目前这个信息爆炸的时代，借助图形化的手段，高效和清晰地交流信息是数据可视化的目的所在。早期，人们对于数据在图形上表现只是停留在饼图、柱状图和直方图等简单的视觉表现形式上。为了更有效地传达数据信息，帮助用户理解、引起共鸣，可视化的表现形式从平面扩展到三维，媒介形式也从纸张发展到网络及视频，在互动性和时效性上都不断发生变化。

（一）数据可视化的优势体现

无论是哪种职业和应用场景，数据可视化都有一个共同的目的，即明确、有效地传递信息。图形能将不可见现象转化为可见的图形符号，并直截了当地表达出来。因此，数据可视化优势明显，具体而言，包括传递速度快、数据显示的多维性、直观地展示信息和容易理解记忆四大优势。

第一，传递速度快。人脑对视觉信息的处理要比书面信息快。使用图形来总结复杂的数据，可以确保对关系的理解要比看那些混乱的报告或电子表格更快。

第二，数据显示的多维性。在可视化的分析下，数据将每一维的值分类、排序、组合和显示，这样就可以看到对象或事件的多个属性或变量。

第三，直观地展示信息。大数据可视化报告使读者能够用一些简单的图形就能表现那些复杂的信息，甚至单个图形也能做到。决策者可以轻松地解释各种不同的数据源，丰富但有意义的图形有助于让忙碌的业务人员和管理者了解问题。

第四，容易理解与记忆。实际上人在观察物体时，人的大脑和计算机一样，有长期的记忆（相当于硬盘）和短期的记忆（相当于缓存）。只有短期记忆一遍又一遍地出现之后，才可能进入长期记忆。很多研究已经表明，在进行理解和学习时，图文组合到一起能够帮助读者更好地了解所要学习的内容，图像更容易理解，更有趣，也更容易让人们记住。这就是数据可视化的优势所在，也是其主要作用。

（二）数据可视化的主要作用

相比传统的用表格或文档展现数据的方式，数据可视化能将数据以更直观的方式展现出来，使数据更客观、更具说服力。数据可视化的主要作用有以下三个方面：

1. 数据可视化在数据操作方面的作用

数据操作是以计算机提供的界面、接口、协议等条件为基础完成人与数据的交互需求，数据操作需要友好便捷的人机交互技术、标准化的接口和通信协议来完成对多数据集的集中或分布式操作。当今，基于可视化的人机交互技术发展迅猛，包括自然交互、可触摸、自适应界面和情境感知等在内的多种新技术，极大地丰富了数据操作的方式。与传统静态图表不同，交互式数据可视化鼓励用户操作数据完成探索分析。

2. 数据可视化在数据分析方面的作用

数据分析是通过数据计算获得多维、多源、异构和海量数据所隐含信息的核心手段，它是数据存储、数据转换、数据计算和数据可视化的综合应用。图形表现数据，实际上比传统的统计分析法更精确和有启发性。借助可视化的图表更容易寻找数据规律、分析推理、预测未来趋势。换言之，优化、易懂的可视化结果有助于人们进行信息交互、推理和分析，方便人们对相关数据进行协同分析，也可加速信息和知识的传播。数据可视化可以有效表达数据的各种特征，辅助人们推理和分析数据背后的客观规律，进而获得相关知识，培养人们理解、认识和利用数据的能力。

3. 数据可视化在数据记录和表达方面的作用

数据表达是通过计算机图形学等技术手段来更友好地展示数据信息，方便人们阅读、理解和运用数据的过程。无论何种类型的数据可视化，都有一个共同的目的，即准确而高效、精简而全面地传递信息和知识。人类右脑记忆图像的速度比左脑记忆抽象文字的速度快 100 万倍。因此，数据可视化能够加深和强化受众对于数据的理解和记忆。人利用视觉获取的信息量，远远比别的感官要多得多。人的知识中至少 80% 的信息是通过视觉获得的，如果能够将数据总结到一张图表中，则能更好地帮助记忆。而且，借助于有效的图形展示工具，数据可视化能够在小空间中呈现大规模数据。所以，数据可视化可以更好地记录数据、传递信息。

三、数据可视化的视觉效果

创造外观精美的可视化商务数据对设计人员来说是一种挑战。优秀的商务数据内容表达不仅仅是简单的图文混排，还必须在视觉上能够表达出数据的主旨，这就要求在进行视觉设计前必须了解数据内容的框架，同时掌握一定的技巧。要想呈现出良好的商务数据可视化视觉效果，可以在以下方面进行提升：

第一，色彩：图标建议不要使用超过五种颜色，色彩使用要收敛，仅仅用于突出关键信息。

第二，字体：所有文字必须字体清晰、大小合适，适于用户快速选择信息。

第三，版式：要提供符合逻辑的层级，引导用户进行信息阅读，尽可能让图表元素保持对齐，从而保证视觉一致。

第四，标注：谨慎使用标注，仅用于标注关键信息。

第五，留白：要保持足够的留白空间（如果信息量太大，则整体看起来会很杂乱）。

第六，插图：插图必须符合主题基调，能够提高内容传达效率，否则没有插图的必要。

第七，图标：简约、易懂且具有普遍性，其作用主要是为了便于理解内容。

第八，数据：一组数据对应一份图表就足够了，不要画蛇添足。

第九，比例：确保数据可视化设计中的组成元素比例得当，以便于用户快速阅读。

第十，简约：避免不必要的设计，如文本的 3D 效果、装饰性的插图和毫无关联的元素等。

四、数据可视化的发展规律

纵观数据可视化的发展历程，人类对数据的需求由粗糙变精确，展现形式由一维到多维，数据类型由简单到复杂，应用领域由有限变丰富。显然，不同时期数据的规模、精度、类型、来源是影响数据可视化形式的主要因素；政治经济需求、商业化应用和科学研究是数据可视化发展的重要推动力。

大数据可视化注定会成为数据可视化历史中新的里程碑，但由于目前仍处于起步阶段，许多问题尚未解决，所以很难准确预测其发展的走向。从历史规律来看，还需要数学、统计学等其他学科的研究成果帮助大数据可视化发展，因此，更应深刻认识到有效使用新技术和跨专业研究的重要性，不断在实践中创新与学习，注重学科交叉，利用商业、科研、政治等领域的需求和发展来推动大数据可视化学科的进步。

综上所述，通过分析数据可视化的历史不难发现，可视化是利用人眼感知能力和人脑智能对数据进行交互的可视表达，以增强认知的一门学科。它可以将难以直接显示或不可见的数据映射为可感知的图形、颜色、纹理、符号等，以提高数据识别效率并高效传递有用信息。它的起源、发展、演变与人类文明的进展密切相关。在计算机发明之前，科学家采用绘画的方式记录观测到的物理现象，统计学家采用图表方式统计采样数据，测绘学家采用地图标记空间方位与属性。

进入计算机时代后，信息技术与人类政治、经济、军事、科研、生活进行不断交叉整合，从而催生了大数据。对于复杂的数据，人类利用高性能的计算机往往不能理解其含义，但借助图形常常“一眼”就能识别。数据可视化分析是大数据分析不可或缺的重要手段与工具，将人脑智能与机器智能相结合，将“只可意会，不可言传”的人类知识和个性化经验可视地融入整个数据分析和推理决策过程中，使数据的复杂度逐步降低到人脑和机器智能可处理的水平。

五、数据可视化的未来趋势

第一，数据可视化不再只是数据科学家的工作。IBM 对数据科学家和数据工程师的需求在三年内上涨了 39%。同时，各大公司也期待他们的组织内部能整体提高对数据的熟悉感和适应度，而不仅仅局限于公司内的数据科学家与数据工程师。根据这种趋势，完全可以期待未来会有持续增多的工具和资源使数据可视化及其红利能够对每个人敞开大门。例如，数据可视化领域的新手可以求助于 Ferdic 的网站，该网站提供了 100 多种可视化模式的概览，从而方便想要尝试数据可视化的用户。其他的一些服务，例如，谷歌的 Data Studio 允许用户在不会编程的情况下也可以轻松实现数据可视化与创作数据仪表盘。

第二，开放数据与私有数据的增加不断丰富着数据可视化。为了更好地洞察顾客行为模式，各类组织需要寻找自身拥有的数据之外的各类资源。幸运的是，对数据科学家们而言，可以利用的数据每天都在不断增加，而且可以期待这种数据的开放性趋势会不断增强。

DATA.GOV 是美国政府的开源数据网站，它可以提供来自美国 43 个州、47 个城市以及 53 个其他国家和地区的数据。除了开放数据资源之外，新的数据市场、数据交换网站和资源网站都将为数据科学家和可视化爱好者们提供更多的资源。

第三，人工智能和机器学习让数据专家更智慧地工作。人工智能和机器学习都是当下科技界的热门话题，它们在数据科学及可视化中广泛应用。微软宣布了近期对 Excel 的功能所进行的提升，其“Insights”更新包括了在程序中新建的多种数据类型。例如，“公司名称”数据类型将使用其 Bing API 自动提取位置和人口数据等信息。微软同样引入了机器学习模型，这些模型将有助于数据处理。以上的更新将用自动增强的数据集帮助已经对数据可视化工具熟悉的 Excel 用户处理更复杂的数据。

第四，互动式可视化正在成为数据可视化的标准媒介。数据可视化，作为一个术语，可以指代任何一种对数据的视觉再现。然而，随着地理信息数据的不断增长和普及，更多的数据可视化需要一个互动式的地图来全面讲述数据故事。互动式数据可视化，尤其是地图形式，提供了一个新的社交共享的优秀范式。人们可以基于来自社交平台和开源数据网站上可用的地理数据，快速搭建数据可视化地图。

第五，表达更加全面的“数据故事”。很多公司开始创建定制化网站，以使用更多的数据和可视化技术来构筑一个更全面的“数据故事”。期待可以看到更多利用地图和其他数据可视化媒介手段呈现的数据体验，以便沟通复杂的社会议题。

第六，使用新的配色方案与色板弥补视觉缺陷。数据可视化设计师需要考虑搭建适合色盲人群的调色板。此外，了解数据可视化色彩选择的根本原则也是十分必要的。一旦理解了这些根本原则，用户就可以开始探索各种配色方案，并将其与设计趋势相结合。

第七，围绕社会热点进行的数据可视化正在主导社交话题，利用数据可视化来进行的社交共享同样遵从“少即是多”的原则。

第二节　商务数据可视化的类型

一、反映发展趋势的可视化图表

反映发展趋势的可视化图表是通过图表来反映事物的发展趋势，让人们一眼就能看清趋势或走向。常见的表现随时间变化趋势的图表类型有柱形图、折线图和面积图等。

柱形图又称条形图、直方图，是以宽度相等的条形高度或长度的差异来显示统计指标数值大小的一种图形，如图 4–1 所示[①]，用户可以按照时间绘制柱形图，反映事物的变化趋势，如某个指标最近一年的变化趋势；也可以按照其他维度，如区域、机型、版本等来反映事物的分布情况。

① 本节图片均引自沈凤池．商务数据分析与应用 [M]．北京：人民邮电出版社，2019：67.

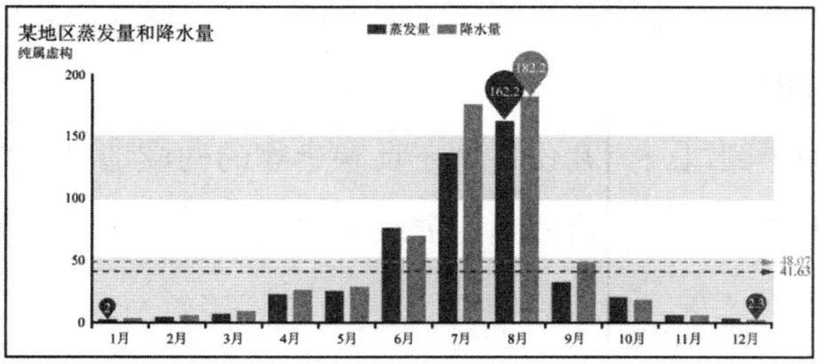

图4-1 柱形图

折线图是点和线连在一起的图表，可以反映事物的发展趋势和分布情况，如图 4–2 所示，与柱形图相比，折线图更适合展现增幅、增长值，但不适合展现绝对值。

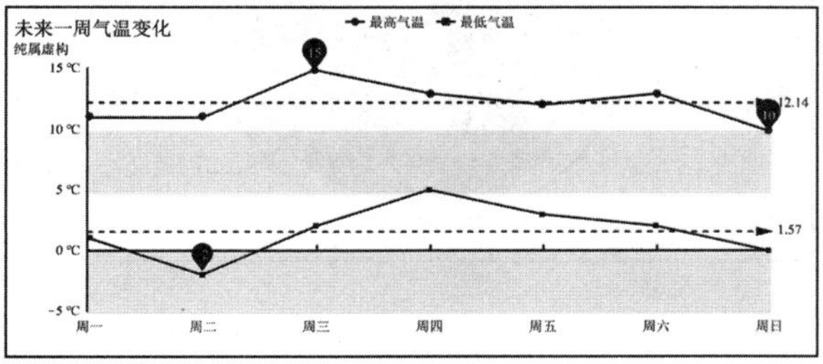

图4-2 折线图

面积图就是通过在折线图下加上阴影来反映事物的发展趋势和分布情况，如图 4–3 所示。

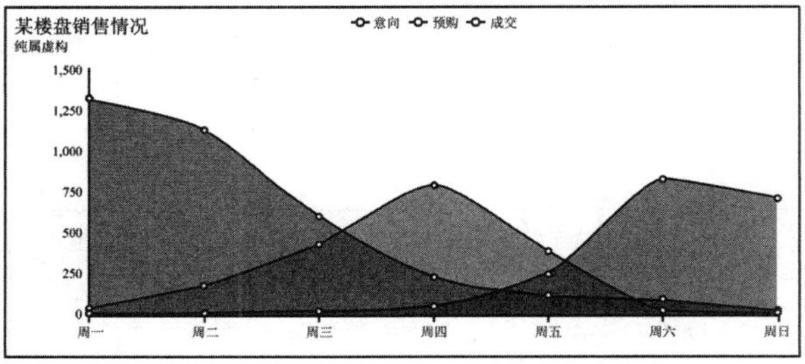

图4-3 面积图

二、反映比例关系的可视化图表

反映比例关系的可视化图表是通过大小、长短等反映事物的结构和组成，从而让人们知道什么是主要的，什么是次要的。常见的反映比例关系的图表类型有饼图、瀑布图等。

饼图是将一个圆饼分为几份，用于反映事物的构成情况，显示各个项目的大小比例，如图 4–4 所示。饼图适合展现简单的占比比例，在不要求数据精细的情况下可以使用。

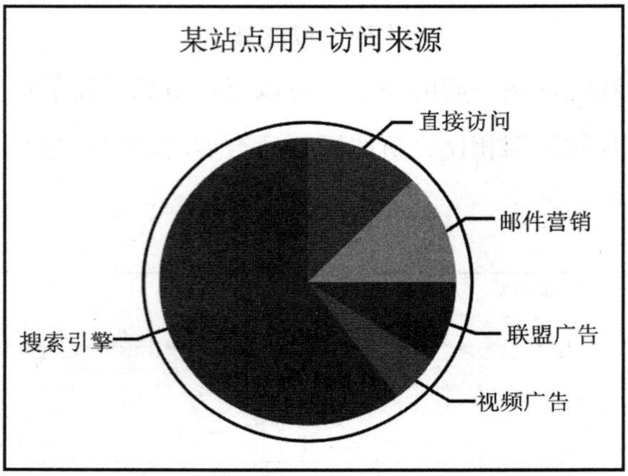

图4–4 饼图

瀑布图采用绝对值与相对值相结合的方式，用于表达特定数值之间的数量变化关系，最终展示一个累计值，如图 4–5 所示。瀑布图能够反映事物从开始到结束经历了什么过程，用于分解问题的原因或事物的构成因素。例如，要表现本月收入是怎么在上月收入的基础上变化的，就可以通过瀑布图分解每个收入组成部分所做的贡献，找出哪一组成部分提升了收入，哪一组成部分降低了收入。

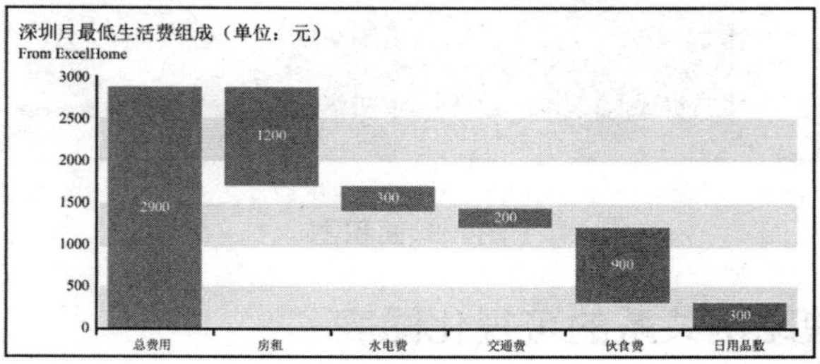

图4–5 瀑布图

三、反映相关性的可视化图表

反映相关性的可视化图表是通过图表来反映事物的分布或占比情况，从而展示事物的分布特征、不同维度间的关系等。常见的反映相关性的图表类型有散点图、气泡图、词云图等。

散点图主要显示若干数据系列中各个数值之间的关系，类似 X、Y 轴，判断两个变量之间是否存在某种关联，如图 4–6 所示。此外，用户通过散点图还可以看出极值的分布情况。

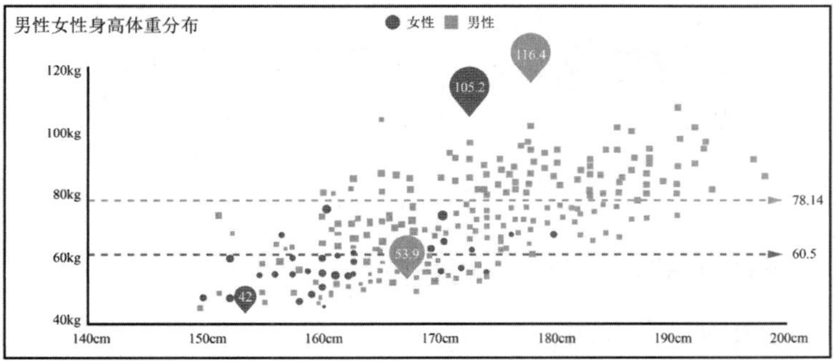

图4-6 散点图

气泡图是通过气泡面积大小来表示数值的大小，相对于散点图来说多了一个维度，如图 4–7 所示。

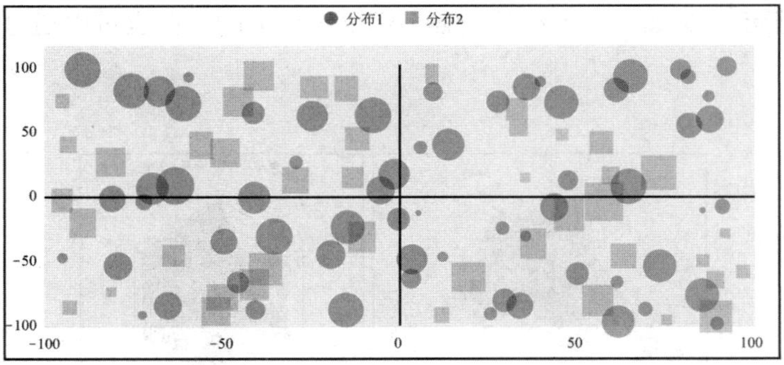

图4-7 气泡图

词云图可描述事物的主要特征，要求能够让人一眼看出一个事物的主要特征，越明显的特征越要突出显示，如图 4–8 所示。同时，象形的词云图（如轮廓是一个人、一只鸟等）用于反映事物的主题，会更形象、更生动。此外，词云图还可以显示词汇出现的频率，可以用于做用户画像、用户标签等。

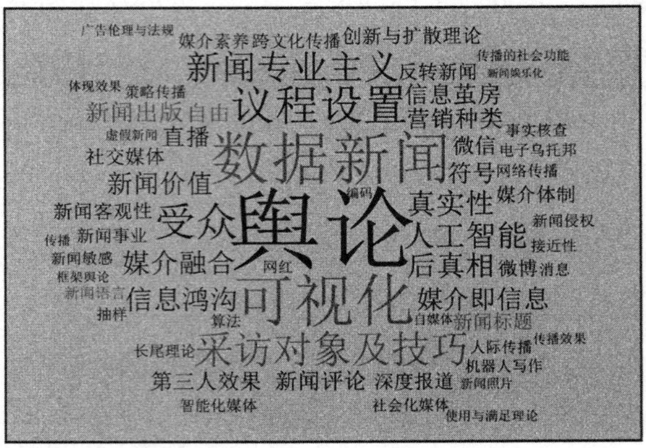

图4-8 词云图

四、反映差异化的可视化图表

反映差异化的可视化图表是通过对比来发现不同事物间的差异和差距，从而总结出事物的特征。常见的反映差异化的图表类型是雷达图。

雷达图主要展现事物在各个维度上的分布情况，从而可以反映事物在什么方面强、什么方面弱。例如，一个运动员各方面能力的得分就可以通过雷达图清晰地表达出来，人们一眼就能看出这个运动员哪方面能力强，哪方面能力弱，如图 4-9 所示。又如，一个产品在各个评价维度上的评分也可以通过雷达图来进行展现。

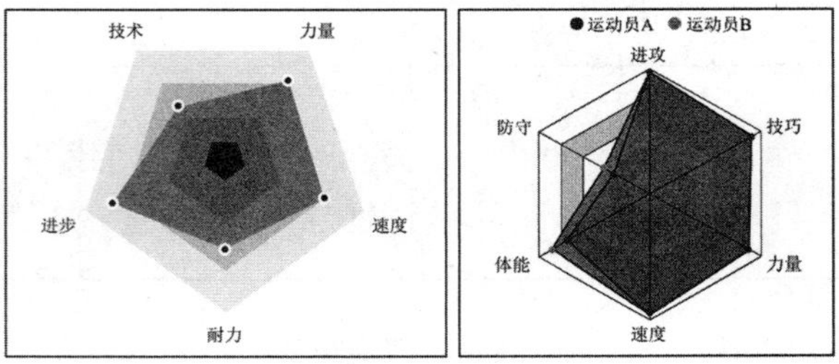

图4-9 雷达图

五、反映空间关系的可视化图表

反映空间关系的可视化图表通过地图来反映事物的地理分布情况或用户的出行轨迹。常见的反映空间关系的图表类型有全球地图、国家地图、省市地图、街道地图、地理热力图等。

地图可以形象地反映事物在地理上的分布情况及人群迁徙情况，主要包括地理分布图（全球、全国、各省市等）、迁徙图、热力地图等。热力地图主要反映地理、点击热力分布情况，从而显示哪里是人群最多的地方，哪里是用户点击最多的地方等，可以反映用户的出行习惯、使用习惯等。

六、反映工作流程的可视化图表

反映工作流程的可视化图表是通过图表来反映工作流程各个环节的关系，可以帮助管理者了解实际工作活动，消除工作过程中多余的工作环节，合并同类活动，使工作过程更经济、合理和简便，从而提高工作效率。比较常见的反映工作流程的图表类型是漏斗图。

漏斗图主要用于反映关键流程各个环节的转化情况，让人们一眼看清整个流程的转化情况。人们通过分析各个环节的转化情况，就能发现问题之所在，从而找准改进的方向。

在电商数据分析过程中，漏斗图不仅能展示用户从进入网站到实现购买的转化率，还可以展示每个销售环节的转化率，能够帮助卖家很直观地发现问题，如图 4–10 所示。

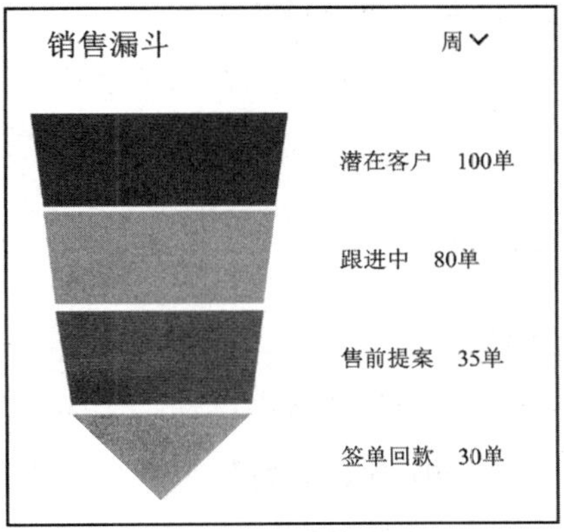

图4–10 电商销售漏斗图

第三节　商务数据可视化的理论基础

一、视觉认知

（一）视觉认知的一般过程

在视觉感知的过程中，大脑已经能够初步辨识物体目标，但这并不能说明大脑理解了这些视觉形象。换句话说，大脑必须进一步设法理解目标的真正意义，人类只有通过视觉感知，才能达到视觉认知。因此，大脑要对图像资料做更深入的认知与加工，也就是将所收到的视觉要素信息，包括形态、颜色等数据再次梳理与重组，对其进行综合分析，从整体上把握和认知。在完成上述流程与步骤之后，所收到的视觉数据才能变成人类认知储存信息的一部分，才能有效在大脑中储藏。这个过程被称为视觉的认知过程。

此时，大脑对视觉信息的认知经历了辨认—组织—理解这样的过程，人类的这个过程是一场自主探索的过程，并非被动的，它是一种高度选择性的行为，不仅包含一定的理解和解释，还是信息外在形式与受众内在心理结构的契合。

综上所述，视觉认知是把通过视觉器官得到的信息加以整合、解释、赋予意义的心理活动，是关于怎样理解和解释所观察到的客观事物的过程。视觉认知首先是由视觉器官接受信息，然后将感觉变为知觉，将知觉进行整合。视觉感知是视觉认知的基础和前提，视觉认知融入了感觉、知觉、注意、记忆、理解、判断、推理等因素。

（二）视觉认知的处理过程

1. 自下而上的视觉认知

自下而上的视觉认知是一种被动处理过程。比如，给读者看一张方向盘的图片，再给读者看一张轮胎的图片，读者的眼睛会检测到这些图片的特征，这些特征经过大脑处理，读者能感知到这是汽车的局部，甚至可以想象出来是哪种品牌的汽车，这种处理方式是在一些小的感官信息的基础上建立起来的。

如图 4–11 所示[①]，读者的大脑会进行自下而上的处理：读者能感受到它是由两条粗的垂直线和三条细的水平线组成的形状，而没有上下文赋予它的特定含义。

图4–11　待认知图片示意图

2. 自上而下的视觉认知

自上而下的视觉认知是指由认知驱动感知，读者的大脑在处理信息的过程中会对应它所知道或期望的东西。以图 4–11 中的图片为例，把其放到字母环境中，如图 4–12 所示；或者将其放到数字环境中，如图 4–13 所示，会产生不同的认知。

图4–12　将待认知图片放置在字母环境中

图4–13　将待认知图片放置在数字环境中

当图 4–11 中的图片被字母包围时，读者的大脑会自动将上面的形状构建

① 本节图片均引自朱晓峰，吴志祥．数据可视化导论［M］．北京：机械工业出版社，2020：27.

成字母，并完成排列。在这种情况下，读者会感觉到这个形状是字母B。当图4–11中的图片被数字包围时，大脑会自动将该形状转换成数字13，此时读者正在以自上而下的方式处理该形状，可以理解为读者的感知是由认知期望驱动的。

如图4–14所示，如果从自下而上的角度来看，读者看到的应该是一堆毫无意义的斑点和不规则图形，但是人类的大脑会自动对这张图片进行检测，很容易就能检测到面部的存在。从心理学的角度来看，人脸是视觉系统中最重要的刺激因素之一，所以右侧的斑点变成了眼睛，读者轻松地从图中构建出鼻子和嘴巴，然后将信息传达给大脑，由大脑得出该形状是人脸的结论。

有趣的是，当人们回过头来再次观察图4–14时，又觉得它像一个戴着帽子的男人在吹萨克斯，或许早就有人注意到了这一点。这充分表明：大脑会根据其所知道或期望的内容来添加含义。

图4–14 视觉认知图片示意图

二、格式塔理论

在数据可视化的过程中，信息的传达依赖受众的视觉感知和认知能力。格式塔理论是研究人们在观察时如何理解信息的心理学理论。格式塔理论的原则可以优化视觉图形设计，使其更高效、美观地传达信息。①

1. 格式塔理论起源

格式塔理论诞生于1912年，是心理学中的一个理论。其中，格式塔作为心理学术语具有两种含义：①指事物的一般属性，即形式；②指事物的个别实

① 缪冬昕，郁舒兰．格式塔理论在数据可视化设计中的应用［J］．艺术科技，2019，32（6）：80.

体，即分离的整体，形式仅为其属性之一。也就是说，假使有一种经验的现象，它的每一成分都牵连到其他成分，而且每一成分之所以有其特性，是因为它和其他部分具有关系，这种现象便称为格式塔。总之，格式塔不是孤立不变的现象，而是指与整体相关的完整现象，完整现象具有完整的特性，它既不能割裂成简单的元素，同时它的特性又不包含于任何元素之内。

在格式塔心理学家看来，知觉到的东西要大于眼睛见到的东西。格式塔理论的核心是整体决定部分的性质，部分依从于整体，即感知运动不等于实际运动，也不等于若干的单一刺激，而是与交互作用的刺激网络相关，整体不等于各部分简单相加之和。格式塔理论为社会心理学、美学研究提供了新的视角，曾在西方心理学界引起很大的轰动。

2. 格式塔理论的价值

尽管格式塔理论不是一种知觉的学说，但它却起源于对知觉的研究，格式塔理论研究在知觉过程中，人的眼和脑是如何共同起作用的。简言之，格式塔理论可以用于分析人是怎样认知和记忆所看到的事物。

一些重要的格式塔原则，大多是由知觉研究所提供的。例如，基于格式塔理论可以发现：人们在观看时，眼脑并不是在一开始就区分一个形象的各个单一的组成部分，而是将各个部分组合起来，使之成为一个更易于理解的统一体。此外，在一个格式塔（即一个单一视场，或单一的参考系）内，眼睛的能力只能接受少数几个不相关联的整体单位，这种能力的强弱取决于这些整体单位的不同与相似，以及它们之间的相关位置。如果一个格式塔中包含了太多互不相关的单位，那么眼脑就会试图将其简化，把各个单位加以组合，使之成为一个知觉上易于处理的整体，如果办不到这一点，那么整体形象将继续呈现为无序状态或混乱，从而无法被正确认知。简单地说，就是看不懂或无法接受。格式塔理论明确提出：眼脑作用是一个不断组织、简化、统一的过程，正是有这一过程，才产生出易于理解、协调的整体。

3. 格式塔原则

格式塔理论论述了这样一个观念，即人们的审美观对整体与和谐具有一种基本的要求。简单地说，视觉形象首先是作为统一的整体被认知的，而后才以部分的形式被认知，人们先看见一个构图的整体，然后才看见组成这一构图整体的各个部分，因此，在数据可视化的过程中，需要遵循一些格式塔原则。

（1）简单性原则。简单性原则就是具有对称、规则、平滑的简单图形特征的各部分趋于组成整体，是人们在视觉上会把复杂的物象分解并解析为较为简单的（倾向于对称的）物象来理解。

如图 4–15 所示，读者会把上方的图形解析为两个叠加的椭圆，而不会解析成形状复杂的组合，因为这种解析方式更简单且具有对称性。

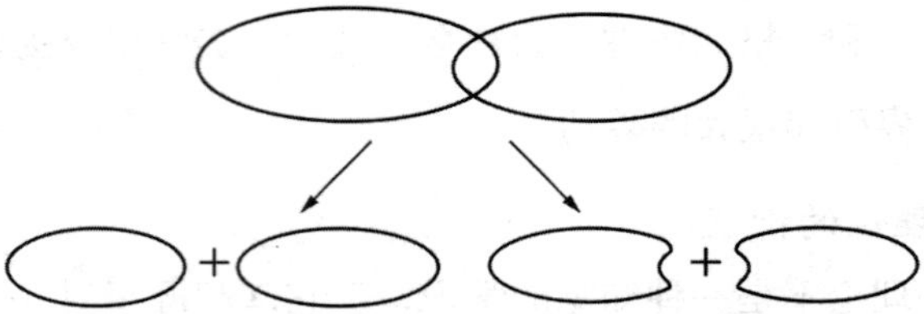

图4–15 简单性原则示意图

因此，在进行页面设计时，简单性原则暗合了排版规则，由于人们更容易理解简单对称的事物，所以在页面排版上常会使用三角形构图、均衡构图、对阵构图、向心式构图（圆形）、对角线、X 形构图等，其目的都是在复杂的信息环境中构建更易懂的整体，如图 4–16 所示。

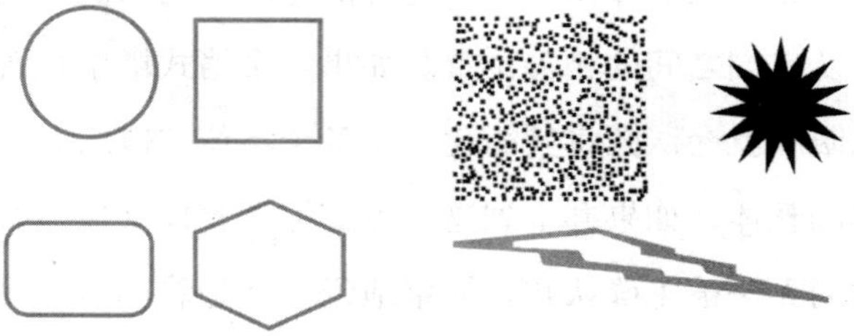

图4–16 简单性原则的图形示例

（2）相似性原则。相似性原则指的是在某一方面相似的各部分趋于组成整体，即人们通常把那些明显具有共同特性（如形状、运动、方向、颜色等）的事物组合在一起。如图 4–17 所示，人们会将图中的圆形和三角形分为两组，而将右图中黑色的图形归为一组、灰色的归为另一组。一个是根据形状分类，另一个是根据颜色分类。

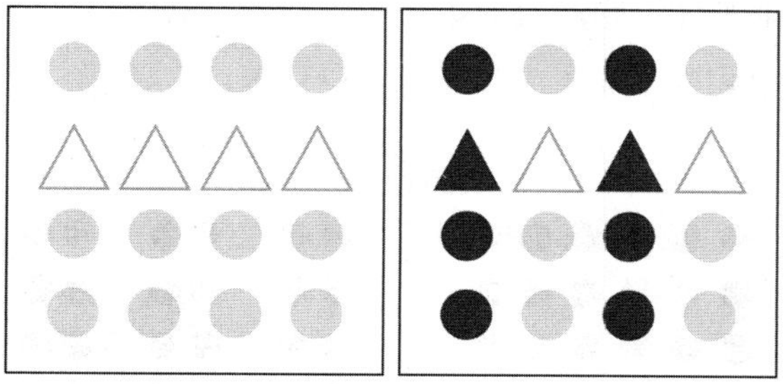

图4-17 相似性原则示意图

在人们的潜意识里，形状和颜色所占的比重是不一样的。一般而言，在大小一样的情况下，人们更容易把颜色一样的看成一个整体，而忽略掉形状的不同，所以当有几个平行的功能点，但又想突出某一个时，就可以把那一个做成特殊的形状或者不同的颜色、大小等，这样用户能一眼看到突出的那部分。而再细看那部分又和其他部分是一个整体，不特异也不突兀，如图 4–18 所示。

另外，在设计可视化方案时应该注意同等级的元素应该在大小、风格、颜色上保持一致，这样也有利于用户对信息的理解，如图 4–18 所示。

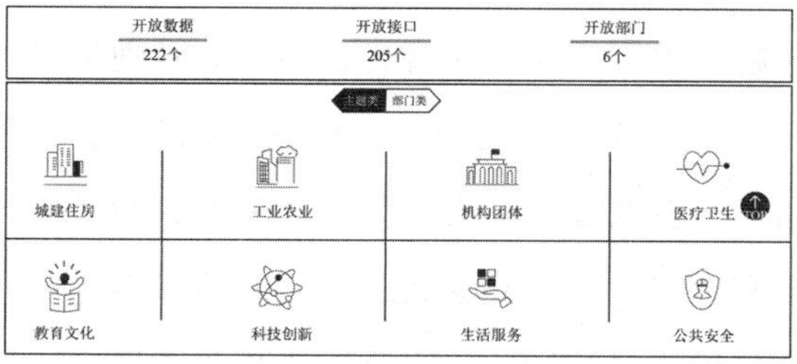

图4-18 基于相似性原则的页面排版

（3）接近性原则。接近性原则强调对象的位置，是指距离相近的各部分趋于组成整体。换言之，接近性原则就是指人们在视觉上会自动将靠得近的物象归为一组或一类。如图 4–19 所示，从第一感觉而言，用户在脑海中无疑会形成这样的认识：左图的 30 个圆是一个整体，而右图中有左中右三组，这正是由于圆之间的间距不同所形成的视觉分组。或者用户认为：左图中的圆是横向排列的，右图中的圆是纵向排列的，因为在左图中，圆之间在水平方向比在垂直方向距离近。接近性原则充分表明：单个视觉元素之间无限接近，视觉上会形成一个较大的整体，距离近的单个视觉元素会融为一个整体，而单个视觉元素的个性会减弱。

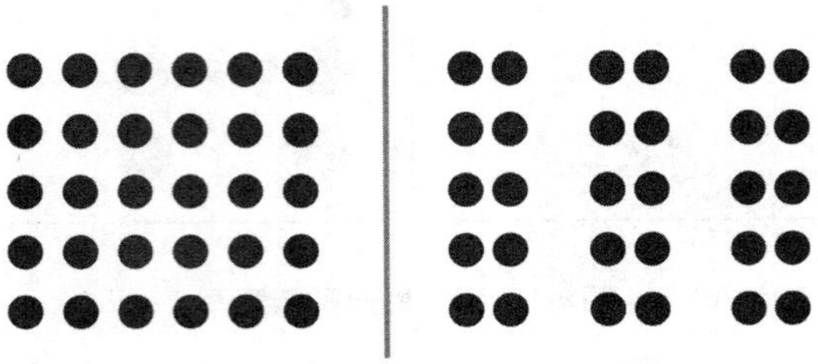

图4-19 接近性原则示意图

在设计中，应用接近性原则可以达到减少用户界面视觉凌乱感的效果。也就是说，在实际的界面设计中，可以合理利用信息之间的间距差异来达到信息分组归类的作用，这样有利于用户更好地理解和分辨页面信息。而且，可以合理利用留白，使信息组之间被留白区分开来，页面会更加整洁有序，阅读信息时干扰也少，相互关联的信息也更为紧密。

（4）闭合性原则。闭合性原则（又称封闭原则），是指彼此相属、构成封闭实体的各部分趋于组成整体。简言之，闭合性原则是指人们在视觉上会把不完全封闭的物象当成一个统一的整体，如图 4-20 所示，人们会不自觉地认为左图是一个三角形，右图是一个大熊猫，实际上它们只是几根线条几个色块而已，因为人们会有意识地去填补缺失的部分而使其看上去成为一个完整的整体。闭合性原则充分说明，结构比元素重要，某些图像可能是不完整的或不闭合的，但只要图像形状足以表征物体本身，人们就很容易感知整个物体而忽视元素。

图4-20 闭合性原则示意图

具体而言，闭合的方式可以分为三种：第一种，形状闭合，即大脑会将形状趋于完整的形状闭合，多使用在字体、图形设计中；第二种，负形闭合，即画面中的负形（留白）会形成用户熟悉的形象，被当作整体感知，但有时并不直观，需要多花费精力领悟，多用在标志、海报等艺术设计中；第三种，经验闭合，即由于数字化界面不断进化，迫使人们不断累积新的认知习惯，简洁的闭合呈现有利于内容的传达，如图 4-21 所示。

图4-21 三种闭合方式示意图

（5）连续性原则。连续性原则指的是人们在视觉上会把非连续的物象完整化，使其成为连续的形式，这是因为人的视觉具备一种运动的惯性，会追随一个方向的延伸，以便把元素连接在一起成为一个整体。换言之，视觉倾向于感知连续的形式，以便把元素连接在一起而不是离散的碎片。如图 4-22 所示，人们看到的右图是两条相交线而非四条线段与一个圆点，看到的左图是一组有运动方向的圆而不是 9 个单一的圆。

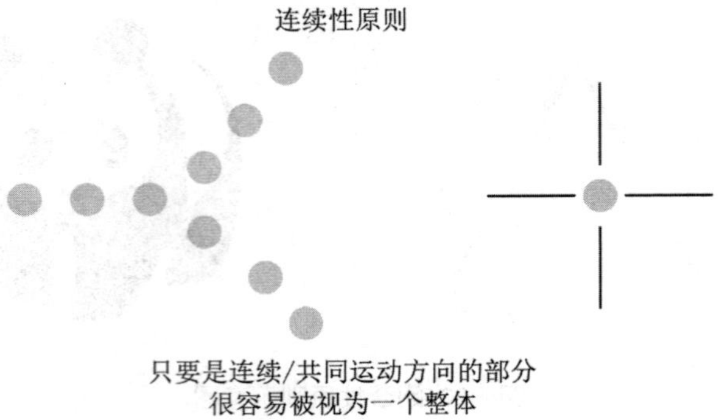

图4-22 连续性原则示意图

连续性原则分为两种：一种是形态连续，即人们往往认为视觉对象的呈现具有一定的延续性，直线继续成为直线，而曲线也继续成为曲线；另一种是方向连续，即人的视觉有追随一个方向的延续，以便把元素连接在一起，使它们看来是连续向着特定的方向。

连续性与闭合性有类似之处，但是连续性强调的是信息的方向性，闭合性强调的则是信息的完整性，如图 4-23 所示。在页面的设计上，连续性原则经常在数据可视化上与闭合性原则一同运用。

图4-23 连续性原则与闭合性原则对比示意图

（6）主体 / 背景原则。主体 / 背景原则是指人们在感知事物时，总是自动地将视觉区域分为主体和背景，一旦图像中的某个部分符合作为背景的特征，人们的视觉感知就不会把它们作为主体焦点。知觉帮助人们把图形从背景中分离出来，图形与背景的对比越大，图形的轮廓越明显，则图形越容易被发觉。人们在看一个页面时，总是会不自觉地将视觉区域分为主体和背景，而且会习惯把小的、突出的那个看成是背景之上的主体，主体越小的时候，主体与背景的对比关系越明显，主体越大则关系越模糊。如图 4–24 所示，当白色内圆越来越大时，它就会渐渐地退居为背景，而灰色圆环则会从背景渐渐地变为图形。通过面积、颜色、轮廓等，人们可以较好地把握图形与背景的关系。

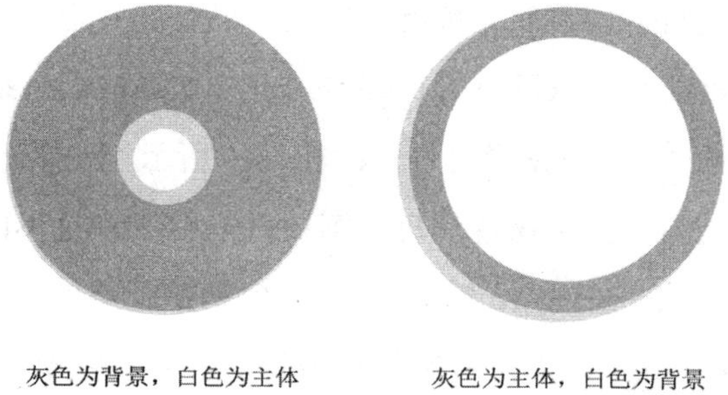

图4-24 主体/背景原则示意图

究其原因，人类在感觉客观物体时，受到刺激所获取的印象并不完整，而是选择性地对局部进行感觉。因为看法不一致，会各自产生不同含义的现象，也就是双层意象，如图 4–25 所示，当视觉将感觉目标视为图案时，整个图案的另外组成会成为底的一部分。人类在图案中所看到的重点是两个人的侧面还是杯子，取决于其视线的聚集点在图案还是在底部，是部分还是全局。

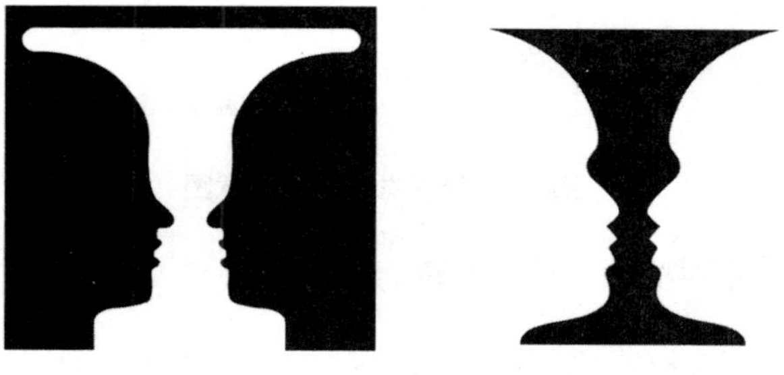

图4-25 基于主体/背景原则的示例图

根据这样的原理，在可视化界面设计中，可以通过一些处理将图像中的某些部分变成背景，这样可以显示更多的信息或者转移用户的焦点。

三、视觉编码

（一）视觉编码的界定

视觉编码是指在个体接收外界信息时，对外界信息的视觉刺激进行编码，如对颜色、数字、字母、图形等视觉刺激的信息进行编码。对于数据可视化而言，视觉编码描述的是将数据映射到最终可视化结果上的过程。这里的可视化结果可能是图片，也可能是一张网页等。编码二字，如果说编是指设计、映射的过程，那么码其实指的是一些图形符号。如图 4–26 所示，得益于视觉系统的强大，人们不假思索就能得出至少这些信息：第一，A、B、C 是不同的；第二，B 在 A 和 C 的中间；第三，BC 的长度大概是 AB 的两倍；第四，C 的大小大概是 A 或 B 的两倍。究其原理，图形符号和信息间的映射关系使人们能迅速获取信息，所以在可视化中，可以把图片看成一组图形符号的组合，这些图形符号携带了一些信息，也就是说它编码了一些信息，当阅读者从这些符号中读取信息时，则为解码。

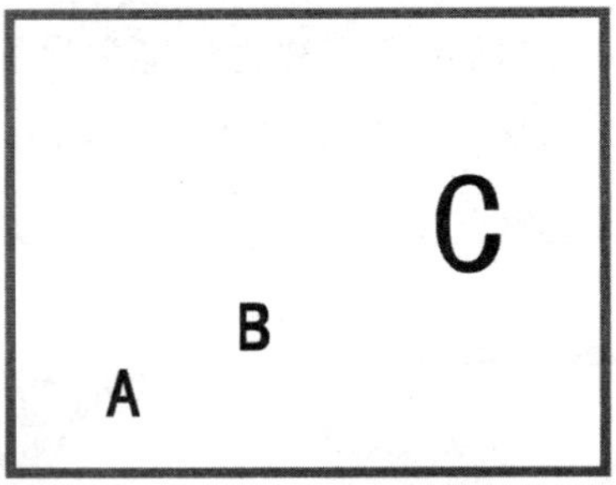

图4–26 待视觉编码的示意图

（二）视觉编码中常用的视觉通道

人能够在 10 ms 解码可以被视为有效的信息传达；而无效的信息传达要 40 ms 甚至更长时间。人类解码信息靠的是眼睛、视觉系统，如果说图形符号是编码信息的工具或通道，那么视觉就是解码信息的通道，因此，通常把这种图形符号信息视觉系统的对应称作视觉通道。

如图 4–27 所示，假如想用三个通道来编码三个维度的数据，即可以理解为在同一个图形中使用三种视觉编码来对应数据中三个列的信息。

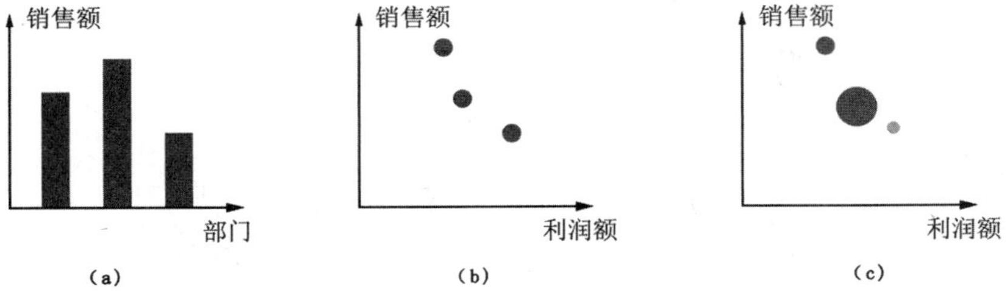

图4-27 视觉通道编码的数据示意图

图 4–27（a）表述了不同部门的销售额，柱状图的高度作为一个视觉通道，编码了销售额的值。

图 4–27（b）在图 4–27（a）的基础上增加利润额这一数据维度，三个点对应的坐标值分别表示三个部门的销售额（纵坐标）和利润额（横坐标）。

图 4–27（c）中增加了尺寸视觉通道来表达部门人数这一属性。

人类对视觉通道的识别有两种基本的感知模式：第一种感知模式得到的信息是关于对象本身的特征和位置等；第二种感知模式得到的信息是对象某一属性在数值上的大小。因此，将视觉通道分为以下两大类：

第一，定性（分类）的视觉通道，如形状、颜色的色调、空间位置等。

第二，定量（连续、有序）的视觉通道，如直线的长度、区域的面积、空间的体积、斜度、角度、颜色的饱和度和亮度等。

需要说明的是，两种视觉通道的分类不是绝对的，例如，位置信息既可以是定性的也可以是定量的。

四、数据准备

（一）数据与数据可视化

数据反映了真实的世界，通过对数据进行分析和视觉表现，人们能发现数据的关联性，了解到身边正在发生什么。

如图 4–28 所示，某种程度上，数据是对世界的简化和抽象表达。数据可视化通过搜集、整理、分析数据资料，用大众能理解的图形语言来描述世界的样子，最终达到理解自然现象、发现社会运行规律，并将其传播的目的。

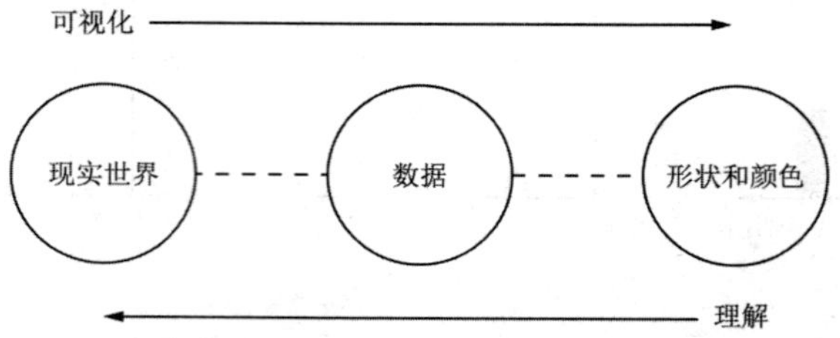

图4-28 数据在数据可视化中的作用

理解数据的过程就是数据分析的过程，通过数据可以发现问题和寻找解决方案。尽管数据分析有获取、处理、分析和展示多个环节，过程烦琐，但最终都是为了回答四个问题：发生了什么、为什么发生、可能发生什么、针对这些问题应该采取哪些措施。

（二）数据分类

从数据可视化类型出发研究可视化过程，可以参考基于任务分类学的数据类型（TTT），TTT 定义了七种基本任务：总览、缩放、过滤、按需细化、关联、历史和提取，并将数据分为七类：一维线性数据、二维数据、三维数据、时态数据、多维数据、树型数据和网状数据。具体描述如下：

第一，一维数据。一维数据是指由字母或文字组成的线性数据，如文本文件、程序源代码等。可视化设计主要针对文字，选择字体、颜色、大小和显示方式。

第二，二维数据。二维数据主要是平面或地图数据，如地理地图、平面图或报纸面等，用户需求一般是搜索某些区域、路径、地图放大或缩小、查询某些属性等。

第三，三维数据。三维数据是指三维空间中的对象，如分子、人体及建筑物。与低维度数据不同，其对象包括位置和方向等三维信息，显示这些对象需要用到不同的透视方法，设置颜色、透明度等参数。

第四，时态数据。时态数据广泛存在，用户的需求是搜索在某些时间或时刻之前、之后或之中发生的事件，以及相应的信息和属性。

第五，多维数据，多维数据的每一项数据都拥有多个属性，可以表示为高维空间中的一个点，该类数据常见于传统的关系数据库中。

第六，树型数据，表示层次关系。

第七，网络数据，表示连接和关联关系。节点连接图及连接矩阵是其常见的网络可视化形式。

一维、二维、三维、时态、多维数据又可归于时空数据；树和网络数据又可归于非时空数据，这七种数据类型还有许多变形和多种数据的结合体，但都是对现实中各类数据信息进行的抽象。

（三）数据采集

数据采集，即对各种来源（如射频识别数据、传感器数据、移动互联网数据、社交网络数据等）的结构化和非结构化海量数据，所进行的数据获取。数据采集主要包括数据传感体系、网络通信体系、传感适配体系、智能识别体系及软硬件资源接入系统，可以实现对结构化、半结构化、非结构化的海量数据的智能化识别、定位、跟踪、接入、传输、信号转换、监控、初步处理和管理等。

大数据时代，数据的来源极其广泛，数据有不同的类型和格式，同时呈现爆发性增长的态势，这些特性对数据收集技术提出了更高的要求。由于数据源多种多样、数据量大且变化迅速等原因，为了保证数据采集的可靠性、避免重复数据、保证数据的质量，因此必须有合适的数据采集工具。

（四）数据多维分析

数据多维分析，是指从原始数据中转化出来的、能够真实反映分析对象多维特性并能够真正为读者所理解信息的过程。数据多维分析通过对数据进行多层次、多阶段的分析处理，以获得高度归纳的信息。

多维分析能够减少混淆及降低错误解释的出现，这是由于它迎合了人的思维模式。多维分析的基本动作主要如下：

1. 切片

在多维数组中选定一个二维子集的动作叫作切片，即从多维数组（维 1，维 2，……，维 n，变量）中选定两个维度，维 i 和维 j，在这两个维度上选取某一区间或任意维度成员，而将其余的维度都取定一个维度成员，得到的就是多维数组在维 i 和维 j 上的一个二维子集。这个二维子集就称为多维数组在维 i 和维 j 上的一个切片，表示为（维 i，维 j，变量）。如图 4–29 所示，选定两个维度（贷款维度和经济性质维度），而在时间维度上选定一个维度成员（如第 1 季度），就得到了贷款和经济性质这两个维度上的一个切片，这个切片表示了各经济性质和各贷款类别在第一季度的贷款总额。

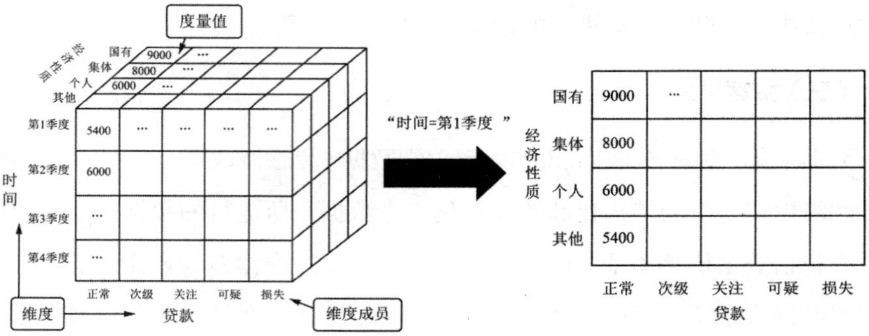

图4–29 切片的示意图

2. 切块

与切片类似。在多维数组中选定一个三维子集的动作叫作切片，即选定多维数组（维 1，维 2，…，维 n，变量）中的三个维度，维 i、维 j 和维 r。在这三个维上选取某一区间或任意维度成员，而将其余的维度都取定一个维度成员，则得到多维数组在维 i、维 j 和维 r 上的一个三维子集，这个三维子集称为多维数组在维 i、维 j 和维 r 上的一个切块，表示为（维 i，维 j，维 r，变量）。如图 4–30 所示，在时间维度和贷款维度上各选定两个维度成员（如第一季度和第二季度，正常和次级），在经济性质维度选定三个维度成员（集体、个人和其他）就可以得到一个切块。

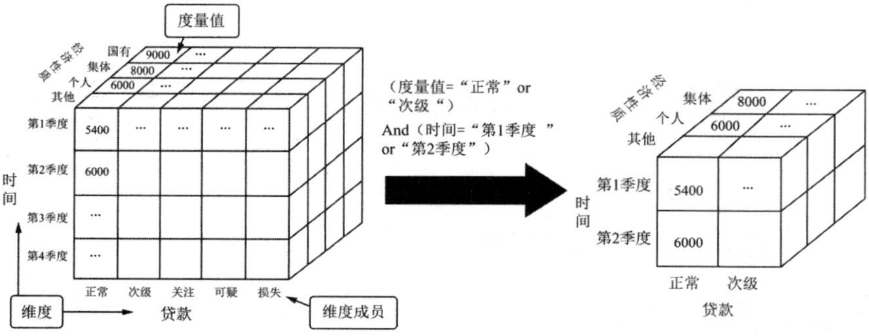

图4-30 切块的示意图

3. 旋转

旋转，即改变一个报告或页面显示的维度方向，旋转的方式有交换行和列，把某一个行维度移到列维度中去，把页面显示中的一个维度和页面外的维度进行交换（令其成为新的行或列）。如图 4-31 所示，对时间维度和经济性质维度进行了交换。

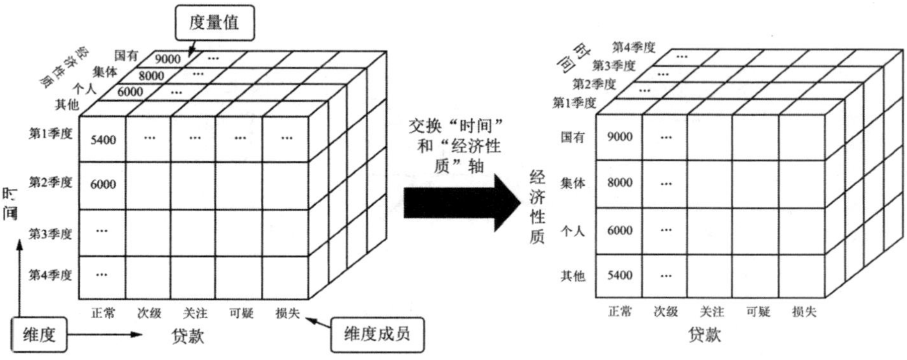

图4-31 旋转的示意图

第四节　商务数据可视化的设计

一、数据可视化的设计组件

数据可视化是一种重要的数据处理技术，将数据以图表的形式呈现出来，提供直观的可视界面，用户通过视觉器官获得经过可视编码后的信息，经大脑解码并形成认知，在交互和分析过程中洞悉信息内涵，获得解决问题的方法。[①]

基于数据的可视化组件可以分为四种：视觉隐喻、坐标系、标尺及背景信息，如图 4-32 所示[②]，不同组件组合在一起构成图表。有时它们直接显示在可视化视图中，有时它们形成背景图，这取决于数据本身，不论在图的什么位置，可视化都是基于数据和这四种组件创建的。有时它们是显式的，而有时它们则会组成一个无形的框架。这些组件协同工作，对一个组件的选择会影响到其他组件。

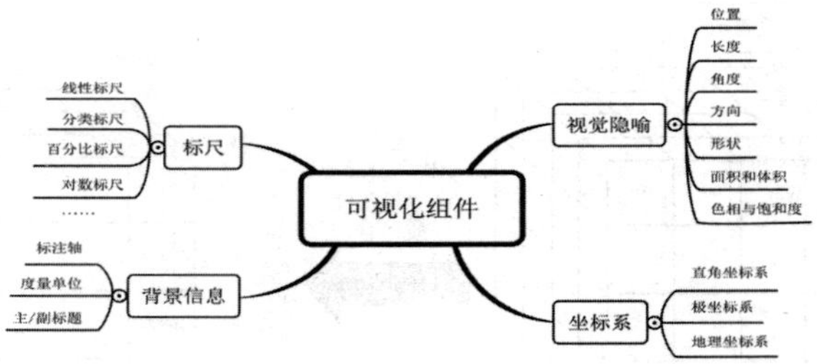

图4-32 数据可视化的设计组件

第一，视觉隐喻用形状、颜色和大小来编码数据，选择什么取决于数据本身和目标。

第二，坐标系用散点图映射数据和用饼图映射数据是不一样的。散点图中

① 杨小军，张雪超，安靖．关系型数据可视化实现方法［J］．电脑编程技巧与维护，2017（14）：55.

② 本节图片均引自朱晓峰，吴志祥．数据可视化导论［M］．北京：机械工业出版社，2020：94-105.

有 X 坐标和 Y 坐标，饼图采用极坐标系。

第三，标尺用来度量数据和相互比较。

第四，背景信息。如果可视化产品的读者对数据不熟悉，则应该阐明数据的含义和读图的方式。

（一）视觉隐喻

隐喻是指用某种表达方式体现某个事物、想法、事件，且使它们之间具有某种特殊关联或相似性的方法。视觉隐喻是隐喻的一种，是在视觉上将目标物体 / 形象与另一领域的（源）物体进行相似性对比，常用于广告、平面设计等。

可视化最基本的形式就是把数据简单地映射成彩色图形，它的工作原理就是大脑倾向于寻找某种模式，使人们可以在图形和它所代表的数字间来回切换。人们必须确定数据的本质并没有在这样的反复切换中丢失，如果不能映射返回数据，那么可视化图表就只是一堆无用的图形。因此，所谓视觉隐喻，就是在可视化数据时，用形状、大小和颜色等来编码数据，必须根据目的来选择合适的视觉隐喻，并正确使用它，而这又取决于用户对形状、大小和颜色的理解。

1. 位置

用位置做视觉隐喻时，要比较给定空间或坐标系中数值的位置。观察散点图的时候是通过观察一个点的 X 坐标和 Y 坐标以及与其他点的空间关系来确认数据点的分布和趋势。

只用位置做视觉隐喻的一个优势就是，它能比其他视觉隐喻占用更少的空间，使用者可以在一个 X–Y 坐标平面里画出所有数据，每一个点都代表一个数据，与其他既要用尺寸大小又要比较数值的视觉隐喻不同，坐标系中所有的点都一样大，然而绘制大量数据之后，你一眼就可以看出趋势、群集和离群值。

这个优势同时也是劣势，观察散点图中的大量数据点时，很难分辨出每一个点分别表示什么，即便是在交互图中，仍然需要使鼠标指针停留在一个点上以得到更多信息，而点重叠时会更不方便。

2. 长度

长度通常用于柱状图中，柱越长表示的绝对数值越大，不同方向上，如水平方向、垂直方向或圆的半径方向上都是如此，在决定长度时，存在一个数据与长度之间转化的比例尺和起始点问题，确定得不好会导致呈现出来的长度对比效果失真。换言之，在制作柱状图时需要注意保持图形长度的真实性。

3. 方向

方向是坐标系中一个向量的方向，方向是一种对趋势的描述，方向在图表中的应用以折线图最为典型，但是方向其实是一个不够准确的度量元素，就像指针，自身只能表示上下左右的倾向，想要准确表示具体指向则需借助标尺或参考线。

人们对变化大小的感知在很大程度上取决于方向中的斜率，而斜率又取决于标尺。例如，可以放大比例让一个很小的变化看上去很大，同样也可以缩小比例让一个巨大的变化看上去很小。一个经验法则是，缩放可视化图表，使波动方向基本保持在 45° 左右，如果变化很小但却很重要，就应该放大比例以突出差异。相反，如果变化微小且不重要，那就不需要放大比例使之变得显著了。

4. 形状

形状主要用于在分析多组数据时区分不同的对象和分类，以及数值的类型、系列和组别。例如，在散点图里使用三种形状来表现三个各自离散的数据群。

（二）坐标系

编码数据时，总得把图形放到一定的位置。需要有一个结构化的空间，还有指定图形和颜色画在哪里的规则——这就是坐标系，它赋予 $X-Y$ 坐标面或经纬度以意义。

1. 直角坐标系

直角坐标系是最常用的坐标系（与条形图或散点图对应）。通常可以认为坐标就是被标记为（x，y）的 $X-Y$ 值对，坐标的两条线垂直相交，取值范围从负到正，组成了坐标轴，交点是原点，坐标值指示到原点的距离。举例来说，（0，0）点就位于两线交点，（1，2）点在水平方向上距离原点 1 个单位，在垂直方向上距离原点 2 个单位。

直角坐标系还可以向多维空间扩展。例如，三维空间可以用（x，y，z）

三值对来替代（x，y）。可以用直角坐标系来画几何图形，以使在空间中画图变得更为容易。

2. 极坐标系

极坐标系（对应饼图等）由一个圆形网格构成。极坐标图表中通常用角度来表示数据的大小，有时也用长度来表示，如半径和弧线的长度，极坐标系没有直角坐标系用得多，但在角度和方向很重要时它更有用。

3. 地理坐标系

位置数据的最大好处就在于它与现实世界的联系，能结合实际位置带来即时的环境信息和关联信息，用地理坐标系可以映射位置数据。位置数据的形式有许多种，但通常都用纬度和经度来描述，有时还包含高度，纬度线是东西向的，标记地球上的南北位置。经度线是南北向的，标记地球上的东西位置，高度可被视为第三个维度，相对于直角坐标系，纬线就好比水平轴，经线就好比垂直轴。

（三）标尺

坐标系指定了可视化的维度，而标尺则指定了在每一个维度里数据映射到哪里。标尺有很多种，也可以用数学函数来定义自己的标尺，基本上包括数字标尺、分类标尺和顺序标尺，标尺和坐标系一起决定了图形的位置和投影的方式。

（四）背景信息

背景信息（有助于更好地理解与数据相关的5W信息，即何人、何事、何时、何地、为何）可以使数据更清晰，并且能正确引导读者，甚至在时过境迁之后，通过背景信息也可以清晰明确地提醒读者图形所希望传达的信息。有时背景信息可以直接画出来，有时它们隐含在媒介中，可以用描述性的标题来让读者知道它们将要看到的是什么。例如，一幅呈上升趋势的汽油价格时序图，将其命名为上升的油价，可以更准确地表达出图片的信息。还可以在标题底下加上引导性文字，描述价格的浮动。

二、数据可视化的设计原则

（一）正确的可视化故事

对可视化故事的提炼和视图的精心规划是数据可视化的首要任务。与功能型产品从用户的使用场景出发略有不同，数据可视化设计还需要重点关注数据本身，通过分析、挖掘数据，提炼数据中所隐藏的可视化故事，然后根据叙述故事的要求，确定正确的视图。简单的数据可视化故事用一个基本的可视化视图就可以展现；对于复杂的可视化故事，可以规划多个视图，通过多个视图有层次、有顺序地展示数据所包含的重要信息，以表达出相应的可视化故事。

（二）恰当的可视化交互

数据可视化设计在需要用户交互操作时，要保证操作的引导性与预见性，做到交互之前有引导，交互之后有反馈，使整个可视化故事自然、连贯，此外还要保证交互操作的直观性、易理解性和易记忆性，降低用户的使用门槛，因此，需要了解受众、了解数据和保持简单。

（三）巧妙的动画效果

动画效果可以增加可视化结果视图的丰富性与可理解性，增进与受众的交流，还可以增强重点信息或整体画面的表现力，以吸引受众的注意力，加深其印象。

但是，动画使用不当也会适得其反。如何巧用动画与过渡，需要做到的要求有：①适量：动画不宜使用过多（尤其是自动播放的），避免陷入过度设计的危机中；②统一：相同动画语义的统一、相同行为与动画保持一致，尽量保证一致的用户体验；③易理解：动画简单、时长适量、易判断、易捕捉，避免增加受众的认知负担。

一般而言，在以下场景中使用动画会达到事半功倍的效果。

第一，辅助不同视图可视化视觉通道的变换。如果筛选后的可视化信息密度仍然较大，那么设计者通常会设计多个视图用于展示，不同视图之间的切换可以使用过渡动画，有助于用户跟踪不同视图的元素变换。

当可视化视觉通道（数据量、表现形式或状态）发生变化时，为了减轻视图变化给用户带来的冲击，避免用户在变化中迷失，可以使用动画的形式进行过渡。

第二，可视化细节包括运动、闪烁、虚拟物体的动作等动画效果，它很容易吸引观赏者的注意力。当有重要信息需要观赏者快速捕捉时，可以选择突出这些细节。

总的来说，数据可视化的根本目的是更好地分享和传达数据信息。可视化的定义在不同人的眼中是不一样的，作为一个整体，可视化的广度每天都在变化，但这是一个新的领域，它可以使人们用一种全新的方式去认识世界，改变人们对数据的呈现和思考方式，这也正是数据可视化设计的基本理念。

三、数据可视化的视觉设计

数据可视化的视觉设计就是用图形讲数据的过程，其基本原理如下：

（一）数据转换

数据转换是可视化工作的第一步，可以通过 Excel 等工具将原始数据整理并转换为数据表格，原始数据通常都会有冗余或残缺，含有噪声和误差，这些往往会使数据的模式和特征被隐藏，通过去噪、数据清洗、提取特征等数据处理操作，可以将数据变换为可处理模式。

（二）视觉映射与图形转换

数据可视化就是给既有数据选择合适的图表，用图形语言来展现数据关系的过程。视觉元素的有序组合可以体现数据的特征，这里的视觉元素可以称为视觉通道，例如：①折线图把数据特征映射为方向；②柱状图把数据特征映射为长度；③饼图把数据特征映射为角度；④环形图把数据特征映射为弧长；⑤面积图把数据特征映射为多边形的面积。

（三）用户感知

通过确定人们理解视觉通道（不包括形状）的精确程度，最终得出了从最精确到最不精确的视觉通道排序清单，如图 4–33 所示，即：

位置—长度—角度—方向—面积—体积—饱和度—色相

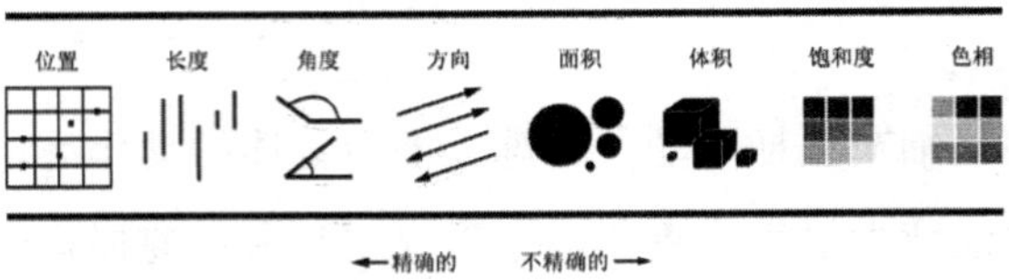

图4–33 视觉通道的精确性

现在很多可视化规范都沿用这份清单，清单显示在可视化设计中，位置是最为精确的元素，长度次之。由此可知，柱状图对数据的表现更为准确，人们也更容易理解柱状图，而热力图则很难给出精确的信息。

视觉隐喻识别的精确性也是设计师和数据分析师们跳出传统图表的类型框架，创造各式各样的新颖可视化作品的理论基础，落实到图表的制作上，就是合理而准确地选择图表类型。

四、数据可视化的图表设计

（一）图表维度的选择

首先要明确数据可视化的目标，即通过数据可视化要解决什么样的问题、探索什么内容或陈述什么事实，然后分辨哪些是有价值或值得关注的维度，从而选择数据展示的视角，基本图表的可用维度见表 4–1。

表 4–1 基本图表的可用维度

类型	第1维度	第2维度	第3维度	第4维度	第5维度
柱状图	X轴	Y轴	颜色	宽窄	形状
饼图	面积	颜色			
折线图	X轴	Y轴	虚实	颜色	
条形图	X轴	Y轴	颜色	宽窄	形状
散点图	X 轴	Y轴	面积	颜色	形状
地图	经度	纬度	颜色	形状	面积

（二）图表基本类型的选择

1. 比较型图表

比较型图表可以展示多数据之间的相同和不同之处，也可以展示单个数据在时间上的变化趋势，是基于时间或分类维度来进行对比的图表，通过图形的颜色、长度、宽度、位置、角度、面积等视觉变量来对比数据。典型的比较型图表有柱状图、条形图、折线图、雷达图等。

2. 分布型图表

分布型图表通常用于展示连续数据的分布情况，通过图形的颜色、大小、位置、长度的连续变化来展示数据的关系。散点图、直方图、正态分布图、曲面图等表现方式都能体现数据的分布关系。

3. 构成型图表

构成型图表，就是在同一维度展现结构、组成、占比关系的图表，它可以是静态的，也可以是随时间变化的，最典型的构成型图表就是饼图、环状图，还有百分比堆积柱状图、条形图、面积图。

综上所述，选择图表的具体做法如下：

（1）为了表现数据的变化和发展趋势可使用折线图。

（2）关于不同类别的数据比较，可以使用横向或竖向柱状图，注意最大值和最小值的控制。

（3）体现不同类别间的比例关系时，可以使用饼图。

（4）强调数量随着时间变化的程度时，可以使用面积图。

（5）强调两个变量或多个变量与整体的对比时，可以使用独立的饼图。

（6）数据过于复杂时，可以使用复合图表进行绘制。

（三）规范图表设计

规范图表是指规范图表设计的基本构成要素，如图 4–34 所示，图表的基本构成元素包括标题（副标题）、图例、网格线、数据列、数据标签、坐标轴（X、Y）、X 轴标签、Y 轴标签、辅助信息。根据结构的不同，会相对增加或减少一些元素，如饼图只需要标题、数据列、数据标签就能把数据呈现清楚。

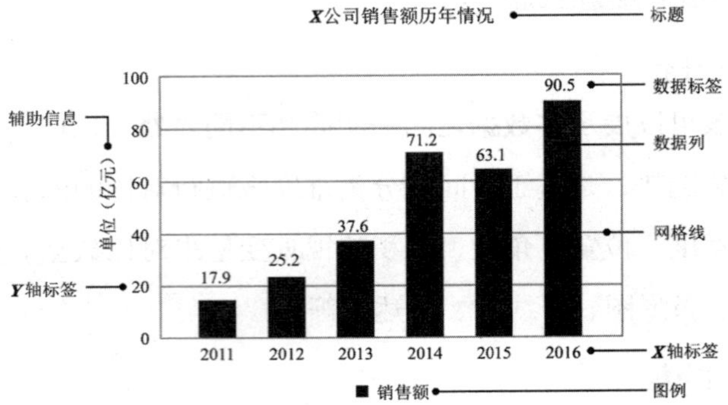

图4-34 图表基本构成元素示意图

此外，还要注意图表层次，图表层次包括文字信息层、视觉图形层、坐标网格层。同时，还需要在图表中突出关键信息，即根据可视化展示的目标，通过对重要信息添加辅助线或更改颜色等手段，进行信息的凸显，从而将用户的注意力引向关键信息，帮助用户理解数据意义。

第五节 商务数据可视化的实现与优化

一、数据可视化的实现

（一）比较类数据的可视化实现

1. 常用图形

比较类数据的可视化，常用图形包括柱状图（条形图）、气泡图、子弹图、漏斗图等。其中，柱状图等用长度作为视觉暗示，有利于数值型数据的直接比较；柱形堆叠图等，显示对比分类型数据的占比情况；矩形树图能展示下一级分类的子类统计，可实现维度的下钻；子弹图能显示和表现数据，其功能类似于条形图，但可以加入更多视觉元素，提供更多补充信息；雷达图有利于比较多个变量，可用于查看哪些变量具有相似数值，或者每个变量中有没有异常值。

2. 其他图形

除了常用图形之外，还有一些相对比较小众的图形也非常适合用于比较类数据的可视化。具体如下：

（1）象形图。象形图，也称为象形统计图，它是通过图案来显示数据量的一种图表类型，这种图形可以让人更全面、形象地了解小型数据集，而且所用图案含义通常符合数据主题或类别。如图 4-35 所示[①]，在关于人口数据的比较中使用了人物图案，一个图案可以表示一个或多个单位（例如，图中每个图案表示 10 个人），通过了解列或行中的图案多少，可以对数据集的每个类别进行比较。

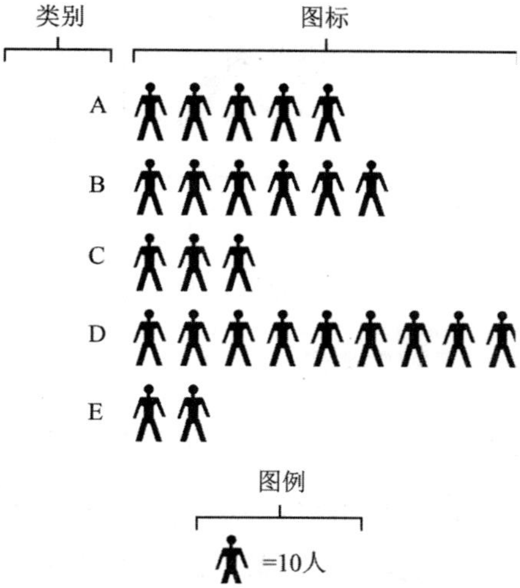

图4-35　象形图示例

象形图通过使用图案，克服语言、文化和理解水平方面的差异，使用象形图时有两点要注意：避免用于大型数据集，令人难以计数；避免只显示部分图案，令人搞不懂它们到底代表什么。

（2）平行坐标图。平行坐标图是一种能显示多变量数值数据的图表类型，最适合用来在同一时间比较许多变量，并表示它们之间的关系。

（3）径向柱图。径向柱图也称为圆形柱图或星图，它是一种使用同心圆网格来绘制条形图的图表类型。每个圆圈表示一个数值刻度，而径向分隔线（从中心延伸出来的线）则用作区分不同类别或间隔（如果是直方图）。

① 本节图片均引自朱晓峰，吴志祥．数据可视化导论 [M]. 北京：机械工业出版社，2020：130-138.

如图 4–36 所示，刻度上较低的数值通常由中心点开始，然后数值会随着每个圆形往外增加，但也可以把任何外圆设为零值，这样里面的圆就可用来显示负值，条形通常从中心点开始向外延伸，但也可以以别处作为起点来显示数值范围（如跨度图）。此外，条形也可以像堆叠式条形图那样堆叠起来。

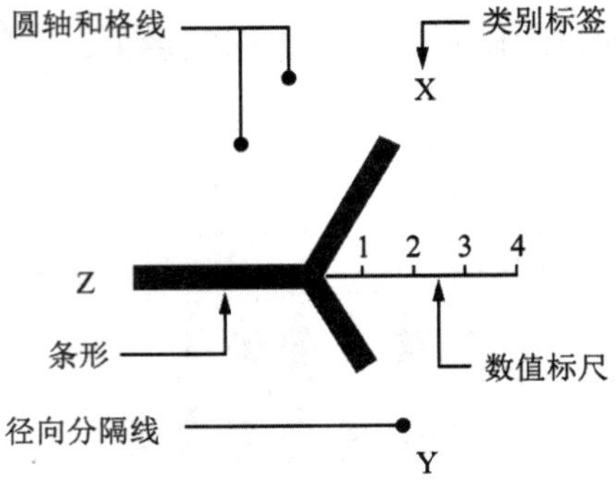

图4–36 径向柱图示意图

（二）分布类数据的可视化实现

分布类数据的可视化，就是通过可视化图表显示数据的频率。由于数据分散在一个区间或分组，所以使用图形的位置、大小、颜色的渐变程度来表现数据的分布，通常用于展示连续数据上数值的分布情况。按照功能分，分布类数据的可视化可以分为两种：第一种，显示频率及数据在某时间段内的分布、分组状况；第二种，按人口年龄和性别显示分布。一些不常见的适合分布类数据可视化的图表如下：

1. 小提琴图

小提琴图用于显示数据分布及其概率密度，如图 4–37 所示，这种图表结合了箱线图和密度图的特征，主要用来显示数据的分布形状，中间的黑色粗条表示四分位数范围，从其延伸出的细黑线代表 95% 置信区间，而白点则为中位数。箱线图在数据显示方面受到限制，简单的设计往往隐藏了有关数据分布的重要细节。例如，使用箱线图时，不能了解数据分布是双模还是多模，小提琴图可以显示更多详情，但它们也可能会包含较多的干扰信息。

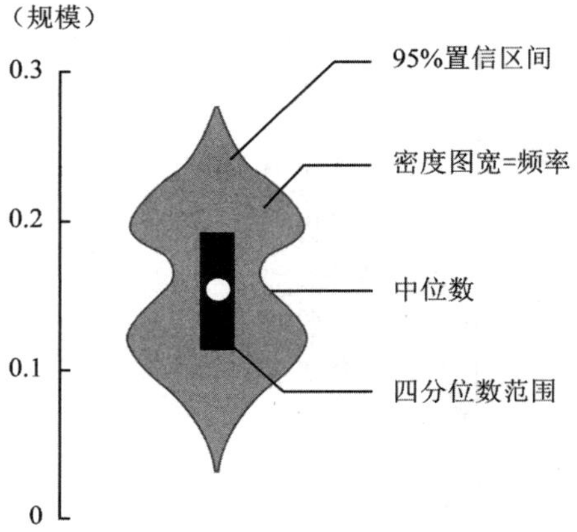

图4-37　小提琴图的示意图

2. 人口金字塔

人口金字塔，也称为年龄性别金字塔，是彼此背靠背的一对直方图（每边代表一个性别），显示所有年龄组和男女人口的分布情况，如图 4-38 所示，人口金字塔最适合用来检测人口结构。例如，底部较宽、顶部狭窄的金字塔表示该群体具有很高的生育率和死亡率；相反，顶部较宽、底部狭窄的金字塔则代表出现人口老龄化，而且生育率低。除此之外，人口金字塔也可以用来推测人口的未来发展。如果人口出现老龄化，而且生育率低，则最终会导致没有足够多的后代来照顾老人的社会问题。其他理论包括青年膨胀，即社会存在大量16 ~ 30 岁的青年（特别是男性），容易导致社会动荡、战争和恐怖主义，因此，人口金字塔对生态学、社会学和经济学等领域都相当有用。

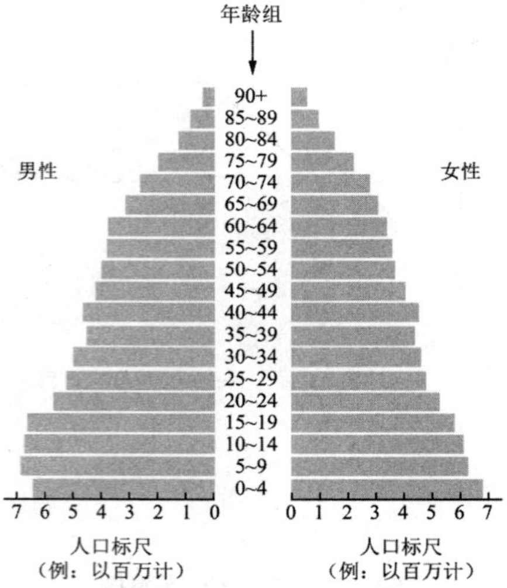

图4-38 人口金字塔的示意图

多个人口金字塔放在一起更可用于比较各国或不同群体之间的人口模式差异。

（三）占比类数据的可视化实现

占比类数据的可视化实现，就是通过可视化的方法显示同一维度上的占比关系，这种占比关系可以分为两种：数值之间的比例关系和部分对整体的比例关系。数值之间的比例关系特别适合采用南丁格尔玫瑰图、词云图等展现；部分对整体的比例关系适合采用饼图、环图、桑基图等进行展现。

除了上述常用图形之外，还有一些相对比较小众的图形也非常适合用于占比类数据的可视化实现。

1. 比例面积图

比例面积图非常适合用来比较数值和显示比例（尺寸、数量等），以便快速、全面地了解数据的相对大小，而不必使用刻度，如图 4–39 所示。

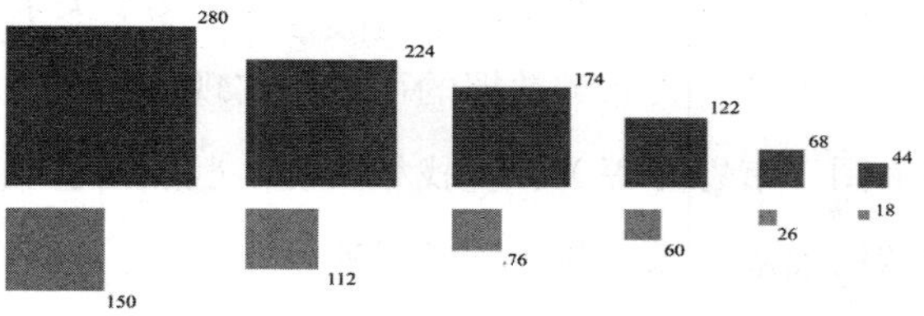

图4-39 比例面积图示意图

虽然比例面积图通常使用正方形或圆形，但其实也可以使用任何形状，只要所使用的形状面积可以用来表示数据即可。这种比例面积图的点矩阵常见技术错误是，使用长度来确定数值大小，而非计算形状中的空间面积。

2. 点阵图表

点阵图表是一种以点为单位显示离散数据的图表类型，图中每种颜色的点表示一个特定类别，并以矩阵形式组合在一起。点阵图表适合用来快速检视数据集中不同类别的分布和比例，并与其他数据集的分布和比例进行比较，让人更容易找出当中隐藏的模式，如图 4-40 所示。当只有一个变量或类别时（所有点都是相同颜色），点阵图表相当于比例面积图。

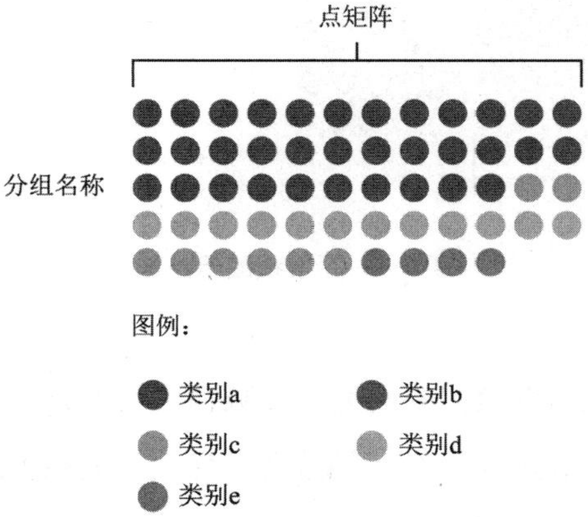

图4-40 点阵图表示意图

（四）关联类数据的可视化实现

关联类数据可视化的目的是要显示数据之间的相互关系。常见图形包括矩阵树图、韦恩图、桑基图、弦图等，它们通过使用图形的嵌套和位置来表示数据之间的关系，通常用于表示数据之间的前后顺序、父子关系及相关性。

按照功能进一步细分，关联类数据的可视化实现可以分为三种：显示数据之间的关系（热力图、韦恩图等）、查找相关性（散点图、气泡图、马赛克图等）、显示层次结构关系（旭日图、树形图等）。

除了上述常用图形之外，还有一些相对比较小众的图形也非常适合用于关联类数据的可视化实现。

1. 圆堆积图

圆堆积图也称为圆形树结构图，是树形结构图的变体，适合表现层次结构关系。使用圆形（而非矩形）一层又一层地代表整个层次结构：每个分支由一个圆圈表示，而其子分支则以圆圈内的圆圈来表示，每个圆形的面积也可表示数值大小，可用颜色对数据进行分类。虽然圆堆积不及树形结构图般节省空间（因为圆圈内会有很多空白），但是它实际上比树形结构图更能有效显示层次结构，效果也更漂亮，如图 4–41 所示。

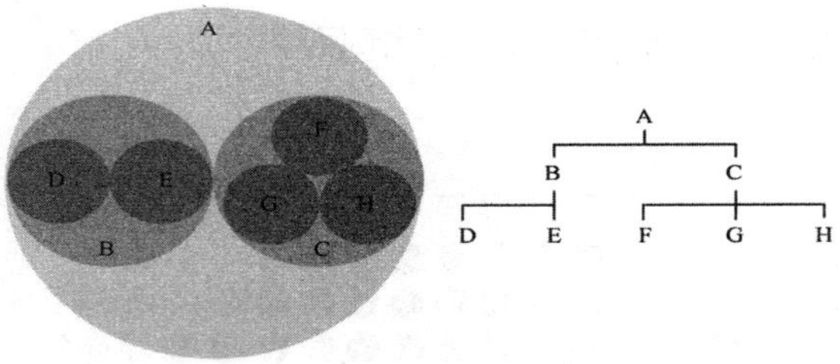

图4–41 圆堆积图示意图

2. 弧线图

弧线图是二维双轴图表以外的另一种数据表达方式，适合显示数据之间的关系。在弧线图中，节点将沿着 X 轴放置，然后再利用弧线表示节点与节点之间的连接关系，如图 4–42 所示。

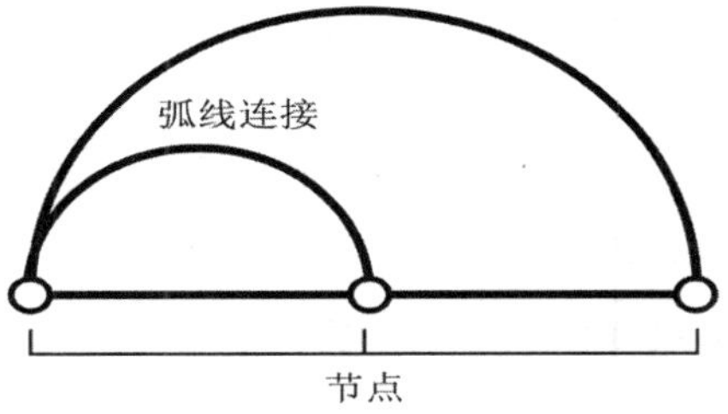

图4-42 弧线图示意图

每条弧线的粗细表示源节点和目标节点之间出现关联的频率。弧线图的缺点在于不能很清楚地显示节点之间的结构和连接，而且过多连接也会使图表难于阅读。

3. 网络图

网络图也称为网络地图或节点链路图，适合显示数据之间的关系，如图4-43所示。这种图表使用节点（或顶点）和连接线来显示数据之间的连接关系，并帮助阐明实体之间的关系类型。节点通常是圆点或小圆圈，但也可以使用图标，节点之间的连接关系通常以简单的线条表示，但在某些网络图中，并非所有节点和连接都有相同属性，故可借此来显示其他变量，如通过节点大小或连接线的粗细来表示数值比例。

网络图可分为不定向网络图和定向网络图：不定向网络图仅显示实体之间的连接，而定向网络图则可显示连接是单向还是双向（通过小箭头）。网络图数据容量有限，并且当节点太多时会形成类似毛球的图案，使人难以阅读。

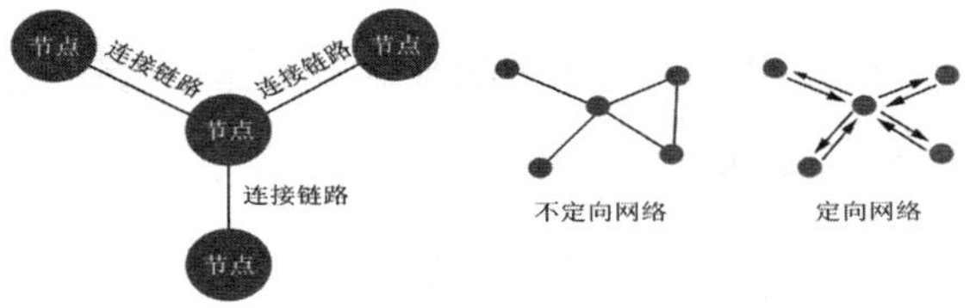

图4-43 网络图的示意图

二、数据可视化的优化

（一）数据墨水比原则

数据墨水比，即一幅规范的图表的绝大部分笔墨都应该用于展示数据信息，数据发生变化则笔墨也跟着相应变化。数据笔墨是指图表中不可去除的核心，是用来展示数据信息非多余的部分。

数据墨水比的值越高，说明图表中越多的视觉编码被用于传递真正的信息，而不是出现冗余，或者用于描述一些其他的东西。如图 4-44 所示，这张展示食物热量的图表就是一个典型的反面案例：毫无意义的纹理背景，加粗显示的文字和坐标轴，五颜六色的柱状图，各种立体阴影效果，重复呈现的信息很容易让人产生视觉疲劳。

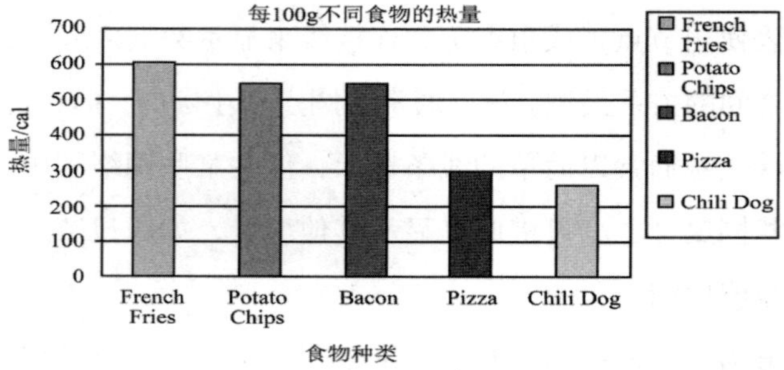

图4-44 错误数据墨水比的可视化图表

对一幅图表而言，曲线、柱、条、扇区等用来显示数据量的元素，它们对数据墨水比起着至关重要的作用。而那些网格线、坐标轴、填充色等元素则显得并非必不可少，因而要想最大化图表的数据墨水比，达到最佳的视觉可视化效果，在那些并非必不可少的图表元素上，还有很大的取舍空间，即要减少和弱化非数据元素，同时增强和突出数据元素。

（二）图表优化的实现

1. 折线图的优化

直接在折线旁边标出类别名称，避免受众逐个去找对应的折线和名称，因为这样经常会出错；如果折线过多，则可以拆分成多个折线图分开展示，因为线条过多时，除了可以表现数据有很多类别之外毫无用处，如图 4–45 所示。折线图适合表现时间序列上的趋势变化，对于非时间类别的数据，显示效果并不理想，应该尽量避免；合适的场景下可以把线条适当加粗，以提高数据墨水比，帮助受众加深印象；谨慎使用虚线，因为虚线一般表示预测值。

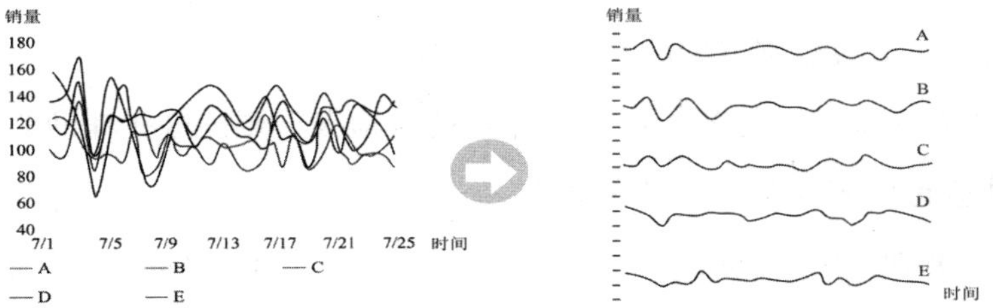

图4–45　折线图中线条太多时应分开展示

2. 扇形图的优化

注意控制没有意义的颜色，避免图表过于花哨；可以使用同色系的颜色，通过深浅表现数据大小，用不同颜色突出某一数量；控制扇形的数量，因为如果扇形数量太多，则会影响扇形之间的大小对比。一般而言，扇形数量以 2 ～ 7 个为宜；可以按照顺时针方向进行大小排序，改善扇形图的显示效果；为避免受众逐个查找对应的扇形与名称，可以直接在扇形内部标上名称；尽量不把扇形完全分离，因为分离的作用是为了强调，否则毫无意义，如图 4–46 所示。

图4–46　扇形一般不宜完全分离

3. 数据表格的优化

到目前为止，表格仍然是可视化的基本构成元素之一，它在人们的日常基础交流中收集和组织了大部分信息。如何优化这些表格，需要明确以下做法：

（1）对齐至关重要。对齐是指表格中，数字、文字、表头的对齐方式。其中，数字最好右对齐，文字最好左对齐，表头应与数据的对齐方式一致，不要使用居中对齐。

（2）一致的有效数字相当于更好的对齐。有一种简单的方法能让表格看起来更整齐，那就是保持一致的有效数字（一般情况下指小数点后的位数），这样每一列数据中小数点后的位数就都是一样的。表格中的数字不是越精确越好，需要多少有效数字就显示多少位，不必太多。

（3）短小简洁的标签。使用标签辅助数据很重要，这些辅助的内容使数据表格能获得更多读者，适用范围很广。

（4）清晰简洁的标题。给数据表格一个清晰简洁的标题与其他设计同样重要，一个好的标题可以让表格适配更多环境。

（5）统一单位并正确标注。一般来说，表格中每一行或列的数据都使用同一单位，因此，与其在每一个格数据后面都写单位，不如在每行或列的标题上标出单位。

（6）简洁的表头。表头越短越好，长表头会占用很多视觉空间。

第五章　商务数据分析的典型应用场景

第一节　行业数据分析

一、产品类目数据分析

（一）产品类目划分与数据来源

产品类目就是产品分类目录，是按照一定的方法对所有产品进行分类的结果。当然，分类的依据可以多种多样，如用途、材质、化学成分、生产工艺、品牌等，这样就会导致不同的分类结果。

例如，从消费者的角度，按照用途可以把产品分为服装类、鞋帽类、食品类、家电类、家居用品类、化妆品类等；按照消费者年龄，可以把产品分为老年用品类、中青年用品类、青少年用品类、婴幼儿用品类等；按照消费者性别，可以把产品分为男士用品类、女士用品类；按照产地，可以把产品分为国产类、进口类等；从生产者或经营者的角度，可以把产品分为主营产品和辅营产品；按照销售情况，可以把产品分为畅销产品、平销产品、滞销产品等。这个分类的结果被称为一级类目。

一级类目对产品的划分是比较粗略的，在此基础上可以划分二级和三级类目。例如，服装可以分为男装和女装，男装又可以分为男式T恤、男式衬衣、男式夹克、男式大衣、男式风衣、男式西装、男式制服等。

从生产经营者的角度而言，产品类目有时也被称为行业类目。

1. 产品类目划分的目的

从电商平台的角度来讲，规范产品类目可以更好地实现网站的管理工作。

将有关的商品信息分门别类保存在数据库中，这是网站信息管理的要求。同时，在进行站点内容组织时，可以使页面内容有条不紊，符合逻辑。另外，还可以给客户提供更好的体验和服务，包括平台上的经营者和消费者。

消费者在电商平台上购买产品时，可以通过产品类目快速地查找自己想要购买的商品，从而进行分析与对比，做出购买决策。当然，消费者也可以直接利用站内搜索引擎搜索产品，这时网站也通过检索产品数据库，然后根据消费者设定的关键词进行匹配，将搜索结果呈现给消费者。

产品类目对网店的经营者尤为重要，主要表现在以下四个方面：

（1）获得更多的流量。有很多网店很少有人光顾，有时就是因为商品类目选择错误。可以想象，一个消费者到超市购买餐巾纸，而餐巾纸混杂在食品区的饼干、薯条、蜂蜜等食品中，这是很难找到的。所以在网店发布商品时，首先要确定产品类目，当然还要设置材质、品牌、上市时间等属性。这样消费者在搜索商品时，搜索引擎才会将商品描述的关键词与消费者检索的关键词进行匹配，才容易被找到。

（2）故意选错类目要面临处罚。某些种类的商品在销售时需要特许经营，如药品。假如没有销售药品的资质直接销售药品，故意将药品归入其他类目进行销售，这就违反了法律，会受到平台的处罚和法律制裁。某些商品在销售时需要得到生产厂商或代理商的授权，例如，销售某品牌的服装而没有获得授权，在选择商品品类时故意选错品类，会被认定为侵权。

（3）决策调整。对经营多种商品的网店，合理地进行产品分类也是商品管理的重要内容，这样可以更有效地进行数据统计分析，从而做出更科学的营销决策，以及进行策略上的调整。

（4）有效避免竞争。选择合适的产品类目可以有效地避免竞争，从而提升产品和店铺的排名。如卖拖鞋的店铺，既可以把拖鞋放在“女鞋男鞋”大类中，也可以放在“家居日用”等其他大类中。到底选择哪个类目，可以先进行产品类目分析之后再进行选择，以避免选择竞争状况激烈的类目。同时，店主还要结合自己店铺的主营类目、产品特色、营销策略等来确定。

2. 产品类目划分的方法

产品类目划分是个很复杂的问题，利用不同的分类依据和分类依据的组合，可以得到不同的结果，这个结果呈现的是一个所谓的“目录树”。

为了避免“千人千样”的产品类目情况出现，每个电商平台都会制定自己的产品类目，以规范网店经营者的行为。产品类目也会随着时间的推移发生变化，如改变名称、增加新类目，或者对原来的类目进行拆分与合并等。

3. 产品类目的数据来源

产品类目数据主要来自网站相关统计结果，可以按照一级类目、二级类目和三级类目统计访客数、收藏人数、加购人数、卖家数、支付金额等指标。这些指标再结合时间因素，可以统计日、周、月的累计数和对比数。结合访客使用的设备，统计数据又可以划分为 PC 端数据、移动端数据或两者之和（所有终端）。

（二）产品类目数据分析的指标

1. 行业大盘分析指标

行业大盘分析的目的是了解整个行业市场的环境状况和竞争状况，以及网店各种营销策略组合的效果。生意参谋①提供的数量指标和比率指标主要有以下五个：

（1）访客数：统计周期内访问店铺页面或宝贝详情页的去重人数，一个人在统计时间范围内访问多次只记为一个。所有终端访客数为 PC 端访客数和移动端访客数相加去重。

（2）收藏人数：统计日期内，新增点击收藏商品的去重人数，不考虑取消收藏的情况。

（3）加购人数：统计时间内，将商品加入购物车的访客去重数。

（4）卖家数：截至所选日期当天，店铺状态和商品状态均为有效状态的卖家数。

① 生意参谋：生意参谋诞生于 2011 年，最早是应用在阿里巴巴 B2B 市场的数据工具。2013 年 10 月，生意参谋正式走进淘系。2014—2015 年，在原有规划基础上，生意参谋分别整合量子恒道、数据魔方，最终升级成为阿里巴巴商家端统一数据产品平台。

（5）搜索点击率：统计日期内，从搜索结果页面点击到商品详情页的点击人数搜索结果页的访客数，即搜索结果中用户点击商品的比率。

通过这些指标，还可以计算得到以下三个核心指标，通过这三个核心指标，可以判断市场状况和竞争状况：

供需比率＝卖家数 / 访客数，数值越大，表明销售同类产品的卖家越多，市场竞争就越激烈。

收藏率＝收藏人数 / 访客数，数值越大，表明市场竞争就越激烈。

加购率＝加购人数 / 访客数，数值越大，表明市场竞争就越激烈。

2. 子行业数据分析指标

子行业分析的目的是了解某行业类目中各子类目的市场份额，以及当下市场需求上升的子类目，主要用到的指标包括子类目支付金额较父类占比、子类目支付金额较上一周期增长率和卖家数占比。

（1）子类目支付金额较父类占比＝周期内某子类目支付金额累计值 / 周期内父类目支付金额累计值。该指标反映各子类目在整个销售金额中的比重，分析这个指标便于抓住重点，进行产品和供应链布局。

（2）子类目支付金额较上一周期增长率＝周期内某子类目支付金额增长值 / 上一周期内某子类目支付金额。该指标反映各子类目支付金额增减变化情况，同样也有助于产品布局，抓住单品推广时机，提升店铺的销售额。

（3）卖家数占比＝周期内某子类目产品的卖家数 / 周期内父类目产品的卖家数。该指标反映各子类目的卖家数占全部卖家的比例，有助于各子类目行业竞争状况的全面掌控，进行产品布局和推广。

3. 行业报表分析指标

行业报表分析指标可以从多个维度对行业市场进行分析和评判，根据用户个人的需要，可以选择一个或多个指标。一般可以选择的指标包括访客数、收藏人数、收藏次数、加购人数、加购次数、客单价、支付件数、浏览量、卖家数、被浏览卖家数、被支付卖家数、搜索点击次数、搜索点击人数等。在行业大盘分析中已出现的指标不再解释，其他指标的含义如下：

（1）收藏次数：统计时间内，商品被来访者收藏的总次数，一件商品被同一个人收藏多次记为多次。

（2）加购次数：统计时间内，商品被来访者加购的总次数，一件商品被同一个人加购多次记为多次。

（3）浏览量：商品详情页被访问的次数，一个人在统计时间内访问多次记为多次。所有终端的浏览量等于 PC 端浏览量和移动端浏览量之和。

（4）客单价：统计时间内，支付金额与支付买家数的比值，即平均每个支付买家的支付金额。

（5）支付件数：统计时间内，买家完成支付的商品数量。

（6）被浏览卖家数：统计日当天，商品详情页被买家浏览的去重卖家数。

（7）被支付卖家数：统计日期内，商品被完成支付的去重卖家数。预售分阶段付款在付清当天才计入内；所有终端支付卖家数为 PC 端和移动端支付卖家去重人数，即统计时间内在 PC 端和移动端都对商品完成支付，卖家数记为 1 个。不论支付渠道是计算机还是手机，在计算机上拍下，就将该卖家计入 PC 端支付卖家数；在手机或 iPad 上拍下，就将该卖家计入移动端支付卖家数。

（8）搜索点击次数：统计日期内，从搜索结果页面点击到商品详情页的点击次数。

（9）搜索点击人数：统计日期内，从搜索结果页面点击到商品详情页的点击人数。

（三）产品类目数据分析的方法

1. 分析行业大盘

根据分析目的，可以从时间维度进行分析：①实时数据（一周数据）：一般以“周”为单位，调用自然周或最近 7 天数据。实时数据反映营销推广策略的效果，可以据此及时调整营销策略。②趋势数据（月度数据）：一般以“月”为单位，调用自然月或最近 30 天数据。趋势数据反映了整个行业市场的变化趋势，可以据此进行产品布局和推广时间节点的确定。③周期数据（年度数据）：一般以“年”为单位，调用自然年度或者最近 12 个月数据。周期数据反映整个行业市场的变化周期，如淡季和旺季，以及整个行业的上升还是下降的变化趋势。

进行行业大盘分析的相应数量指标有访客数、收藏人数、加购人数、卖家数，可以选择一个或多个；比率指标有搜索点击率。以下将介绍进行行业大盘分析的方法步骤：

（1）访客数变化情况分析。访客数是基础，没有访客，其他一切都是空谈。选择数量指标“访客数”，在时间轴入口处选择时间段，在类目入口处选择类目，此时，即可查询某一产品类目的访客数变化情况，包括使用PC端访问和移动端访问的人数，也包括访问平台的总人数。

在时间轴入口处可以选择最近1天、最近7天、最近30天、自然日、自然周、自然月的数据，也可以自定义时间跨度。

调用年度数据，可以方便查询行业周期的变化。若要对应季产品做推广和布局，则需要查询自然月或者最近30天的数据。若数据处于上升期，则销售和推广会相对容易，所以月度数据也被称为趋势数据。产品上架销售后，就需要调用自然周或最近7天的数据了，因为网站是按7天一个周期对产品上下架的，所以7天是实时数据反馈的时间节点。实时数据有利于店主及时了解推广和营销策略的效果，并对其进行快速响应和调整。

在产品类目入口可以进行产品类目的切换，也可以进行某一产品类目下二级和三级类目的切换，这样可以查询某一子类目下的相关数据。

在终端入口可以选择“PC端”“移动端”或“所有终端”。

PC端显示使用计算机访问平台的交易数据；移动端使用移动设备（如笔记本电脑、智能手机、iPad等）访问平台的交易数据；所有终端就是包括前两者的数据之和。由于智能手机的普及，电商交易移动端早已超过了PC端，所以分析终端数据有利于手机端、PC端数据的对比与分析，从而进行网站优化和资源的配置。例如，分析客户主要来自PC端还是移动端，手机端店铺的经营效果如何，哪些产品移动端卖得更好等，这样便于做出营销决策。

（2）产品类目的核心指标分析。产品类目的核心指标主要包括收藏率、加购率、供需比率，用于判断行业的生态环境和竞争状况。在计算这些指标时，需要调用不同的数据来进行计算和分析。

收藏率的计算。收藏率＝收藏人数 / 访客数。收藏率越高，说明竞争就越激烈。

加购率的计算。加购率＝加购人数 / 访客数。加购率越高，说明竞争就越激烈。

供需比率的计算。供需比率＝卖家数 / 访客数。供需比率越高，说明竞争就越激烈。

计算行业大盘收藏率、加购率、供需比率这三个核心数据的主要目的是将自身店铺数据和行业类目数据进行对比，同时判断行业竞争的激烈程度。如果自身店铺的收藏率、加购率低于行业平均水平，就需要优化产品、视觉详情页、店铺服务等运营工作，缩小与行业平均水平的差距。

（3）产品子类目分析。在产品类目入口可以切换到二级类目和三级类目，进行产品子类目的数据分析。分析方法与产品类目一样，其核心指标也是收藏率、加购率和供需比率。

在产品子类目数量指标中增加了搜索人气和交易指数，在比率指标中增加了支付金额较父类目占比。

2. 子行业交易数据分析

子行业交易数据分析的目的是了解行业类目中各子类目的市场需求占比份额和当下市场需求提升的子类目。这种分析便于店铺优化供应链及产品布局，提升店铺销售额，完善供应链，抓住单品推广销售的切入时间点。

子行业交易排行榜中使用的三个指标分别是支付金额较父类目占比、支付金额较上一周期增长率和卖家数占比。

二、品牌数据分析

（一）品牌数据的来源

品牌数据分析主要针对不知道如何对当前品牌和竞争对手品牌进行分析的卖家。卖家可以从生意参谋“市场行情”模块获取热销品牌数据、飙升品牌数据、高流量品牌数据和高搜索品牌数据，并对其进行分析。

品牌数据分析涉及以下五个方面：

1. 生意参谋“市场行情”模块

品牌分析是生意参谋“市场行情”模块专业版“行业洞察”功能下的一个子功能。

2. 热销品牌榜

打开生意参谋，进入“市场行情”“行业洞察”“品牌分析”页面。在“品牌排行”中选择“热销品牌榜”选项卡。

在时间维度上，生意参谋提供了最近 1 天、最近 7 天、最近 30 天、自然日、自然周、自然月和自定义时间范围等选项；在终端维度上，生意参谋提供了 PC 端、移动端及所有终端；在平台维度上，生意参谋提供了全网数据。

（1）交易指数。交易指数是根据产品交易过程中的核心指标（如订单数、买家数、支付件数、支付金额等）进行综合计算得出的一个数值。该数值越大，反映交易的热度越大。它不等同于交易金额，但在一定程度上可以反映交易金额。

（2）交易增长幅度。交易增长幅度在一定程度上反映了本期交易较上期交易的变化。如果交易增长幅度较高，则说明该品牌近期的市场潜力巨大。

3. 飙升品牌榜

飙升品牌榜展示了一段时间内成交额幅度较大的一些品牌，这些品牌的运营手法在卖家运营自己的品牌时可以参考和借鉴。

4. 高流量品牌榜

在高流量品牌榜中，可以按照系统提供的访客数、交易指数、支付商品数和支付件数进行排序。高流量品牌榜展示了一段时间内流量较好的品牌，这些品牌的引流方案在卖家运营自己品牌的过程中可以作为参考。

从流量渠道数据中，可以分析各渠道的流量占比。分析其他单品的流量渠道，对卖家产品的推广有较好的借鉴价值。

此外，还可以分析该产品的引流关键词和成交关键词。做引流关键词和成交关键词分析，对产品的标题打造和直通车推广有较好的参考和借鉴价值。

5. 高搜索品牌榜

在高搜索品牌榜中，按照“搜索点击人数”进行降序排列，展示了搜索热度比较高的品牌，这在一定程度上反映了品牌于当前阶段在顾客心目中的知名度和认可度。

（二）品牌数据的分析方法

通过品牌数据分析，可以获取当前品牌的概况和变化趋势、买家特征、类目构成、支付价格构成、热销店铺榜和商品榜等数据，并对其进行分析和解读，为品牌运营提供决策支持。

1. 品牌概况和变化趋势

品牌概况中部分指标的含义如下：

（1）被支付卖家数：统计日期内，商品被完成支付的去重卖家数。预售分阶段付款在付清当天才计入内；所有终端支付卖家数为 PC 端和移动端支付卖家去重人数，即统计时间内在 PC 端和移动端都对商品完成支付，卖家数记为 1 个。不论支付渠道是计算机还是手机，在计算机上拍下，就将该卖家数计入 PC 端支付卖家数；在手机或 iPad 上拍下，就将该卖家数计入移动端支付卖家数。

（2）重点卖家数：统计日期内，卖家按照支付金额取 TOP 20% 的卖家数。

（3）重点商品数：统计日期内，商品按照支付金额取 TOP 20% 的商品数。

交易指数反映了本品牌的销售能力和市场容量，客单价反映了客户的支付能力，搜索点击人数反映了市场需求热度的变化，卖家数反映了市场上竞争对手的数量。

2. 类目构成

子类目的数据指标有支付金额占比、访客数占比、支付商品数占比、支付店铺数占比等。

（1）支付金额占比：统计日期内，子行业下品牌的支付金额 / 品牌整体的支付金额。

（2）访客数占比：统计日期内，子行业下品牌的访客数品牌整体的访客数。

（3）支付商品数占比：统计日期内，子行业下品牌的支付商品数 / 品牌整体的支付商品数。

（4）支付店铺数占比：统计日期内，子行业下品牌有支付的店铺数/品牌整体的店铺数。

其中，支付金额占比反映了子类目的热销程度，当店铺想提升销售额时，就要考虑这个子类目产品。访客数占比大的子类目是买家喜欢的子类目，在店铺上新时应着重考虑。支付商品数占比表示子类目商品的热销程度。

3. 支付价格构成

支付价格反映了客户的支付能力或者客单价，可以为店铺产品定价提供参考依据。

4. 热销店铺榜和热销商品榜

热销店铺榜和热销商品榜对店铺运营和单品打造有着较好的参考价值。点击热销商品榜中排名第一的单品，可以看到该产品的详情页。

三、竞争店铺数据分析

（一）竞争店铺数据的来源

在生意参谋“竞争情报”模块中可以查看竞争店铺，并对竞争店铺进行参数监控。竞争店铺数据分析主要包括以下五个方面：

1. 生意参谋“竞争情报”模块

生意参谋“竞争情报”是一款提供给卖家使用的竞争分析工具。它致力通过竞争分析、竞争监控、竞争咨询来发现竞争对手（包括竞争店铺、竞争商品），洞悉竞争环境，帮助卖家制定竞争策略。

单击“竞店配置”超链接，可以看到竞店群体有自定义监控竞店群体、可学习竞店群体、增速快竞店群体和流失关系竞店群体。

以自定义监控竞店群体为例，可以“天”为单位查看一些数据指标，如本店加购人数、竞店平均加购人数。同时，也可以“月”为时间维度，展示竞店和本店的某项指标对比，如访客数、商品收藏数、加购人数等，以分析竞店和本店之间的指标差距。

2. 竞店数据榜

在“竞店榜”中，可以“天”为时间维度，查看监控的所有竞店的交易指数、流量指数、搜索人气、加购人气等指标。

单击“趋势”超链接，可以查看对手在最近一个月的交易指数、流量指数、收藏人气、加购人气、支付商品件数等指标的走势。

单击“TOP 商品榜”超链接，可以查看竞店中的 TOP 榜商品，分析哪些商品热销及其热销的原因等。

3. 竞店商品榜

在“竞店商品榜”中，可以“天”为时间维度查看所有竞店的热销商品榜，从交易指数、流量指数、收藏人气、加购人气、支付商品件数等指标来分析热销商品的一些数据，同时对热销商品按照交易指数、流量指数等指标进行升序或降序排列。

4. 竞店入店来源对比

通过竞店入店来源对比，可以从 PC 端和移动端全面分析竞店和本店的流量分布情况。

以移动端为例，以“天”为时间维度，每页展示 10 个流量入口，共计 23 页。仔细对比竞店和本店数据，看看哪些流量入口竞店有流量，本店没有流量；竞店哪些入口的转化率高，对转化率潜力指数高的流量入口，本店的优化空间大。如果转化率潜力指数为负数，说明本店这个入口的流量做得非常好。

5. 竞店入店关键词对比

“竞争情报”模块提供了“竞店入店关键词对比”功能，同样给出了 PC 端和移动端的不同数据。入店关键词主要用于标题优化和直通车关键词选择。

（二）竞争店铺的配置和添加

竞争店铺的配置和添加主要针对很难看出自己店铺问题，或者知道自己店铺有问题但不知道如何改进，或者不知道从哪里寻找竞争店铺的商家。以下将介绍如何进行生意参谋“竞争情报”模块的配置，如何添加竞争店铺，以及如何对竞争店铺进行参数监控。

竞争店铺的配置和添加主要涉及以下五个方面：

1. 自定义监控竞店群体

进入生意参谋“竞争情报”“竞店配置”页面，在“监控店铺群体”中系统推荐了 10 个以上的店铺供卖家参考。

单击“新增监控”按钮，可以添加新的竞店进行监控。

在添加竞店时，需要考虑多个因素，如经营类目、热销商品、客单价、商品属性和风格。一般考虑将经营类目相同、热销商品相似、客单价基本相似、商品属性和风格一致的店铺作为竞店进行参考学习。

2. 可学习竞店群体

可学习竞店群体是与本店基础属性相同，并且最近 30 天支付金额比本店好的竞争店铺，系统最多推荐 50 家。

单击“添加标签”按钮，可以选择多个群体配置条件进行竞店添加。

3. 增速快群体

增速快群体是与本店基础属性相同，并且综合实力比本店差，但最近 30 天支付金额增速比本店快的店铺。系统会推荐 10 ~ 50 家店铺，如果不够 10 家则不展示。

对增速快的竞店群体，要学会分析竞店采取了什么措施导致店铺流量和成交量上升较快，该类竞店有较好的参考价值。单击“添加标签”按钮，可以选择添加竞店的其他群体配置条件。

4. 有流失关系群体

对有流失关系的竞店群体，系统会推荐 10 ~ 50 家店铺，如果不够 10 家则不展示。“与本店基础属性相同有点击浏览过本店商品，但购买了其他店铺的同叶子类目的同类商品”，这些店铺被放在有流失关系群体。流失竞店中的竞品有非常好的参考价值，卖家可以从店铺营销活动、详情页、主图等方面进行详细的分析与总结，对自己店铺的单品打造具有很好的参考价值。

单击“添加标签”按钮，可以选择其他添加竞店的群体配置条件。

5. 店铺监控

按照以上方式配置和添加好竞店以后，就可以在“店铺监控”页面中查看监控的所有竞店信息。在此以“天”为单位查看一些数据指标，如流量指数、交易指数、收藏人气、加购人气、上新商品数、价格分布等，同时进行升序和降序排列。也可以“月（30天）”为时间维度，查看竞店的一些指标，如价格分布指标。对比自己店铺和竞店的价格分布，卖家就会发现竞店在活动、搭配套餐方面值得自己学习和借鉴的营销方法。

（三）竞争店铺数据的分析方法

以下将介绍分析竞争店铺的方法，分析优秀竞争店铺的运营思路及爆款人气商品的打造思路。

竞争店铺的数据分析方法主要涉及以下五个方面：

1. 竞店的选择

进入生意参谋“竞争情报”“店铺对比”页面，在此选择一家流失竞店、一家行业领先店铺与本店进行比较。以“月（30天）”为时间维度，监控本店和竞店的流量指数、交易指数、搜索人气、收藏人气、加购人气等指标。

2. 竞店商品榜

在竞店商品榜中有热销榜单和流量榜单，热销榜单反映了竞店和本店重点打造的爆款。流量榜单中排名靠前的商品流量渠道在推广时可以参考与借鉴。打开两个竞店的热销商品详情页，可以查看主图、价格和活动情况等，以此比较本店商品，在打造单品时可以作为参考。

3. 关键成交构成

在关键成交构成中，可以看到不同店铺的成交类目占比及成交价格带。

4. 竞店入店来源对比

仍以移动端为例，对竞店的入店来源对比进行比较分析。可以对比流量指数和访客占比等指标，分析竞店在哪些流量入口做得比较好，本店在哪些入口的流量还没有打开。

四、竞品数据分析

（一）竞品数据的来源

不知道如何寻找竞品的卖家，可以从生意参谋“竞争情报”模块中选择竞争商品，并对竞争商品进行参数监控。

竞品数据的来源主要涉及以下三个方面：

1. 生意参谋“竞争情报”模块

“竞争情报”主要包含三大模块功能，即竞争分析、竞争监控和配置管理。其核心价值体现在全面挖掘竞争群体，精准监控个体竞店，流失分析清晰、细致，以及超长历史数据分析。

2. 顾客流失竞争

“竞争商品”页面向卖家展示了顾客流失商品榜和搜索竞争商品榜。在“顾客流失竞争”模块中，系统提供了本店顾客流失 TOP 100 商品榜，分析指标有流失金额、流失人数、流失率、收藏后流失人数、加购后流失人数，并提供了商品顾客流失详情和近 30 天流失趋势图，告知流失的具体商品分别是哪些，也可操作加入监控或黑名单。

单击“趋势”超链接，可以查看竞店商品的流失金额、流失人数、流失率和收藏后流失人数等分析指标，同时可以看到本店相应商品的顾客流失趋势。

3. 搜索竞争

搜索竞争是一个全新的分析维度，系统提供了本店搜索竞争 TOP 100 商品榜，分析指标包括搜索竞争商品数、竞品平均搜索引导访客数、搜索引导访客数、竞品平均搜索引导加购人数等共九个指标，并提供搜索竞争详情分析和近 30 天流失趋势图，告知卖家存在搜索竞争的具体是哪些商品，也可将这些竞品加入监控或黑名单。

（二）竞品的配置、添加和监控

在生意参谋“竞争情报”模块中选择竞争商品，并对竞争商品进行参数监控，可以有针对性地优化自己店铺中的商品。

1. 竞品配置

进入生意参谋“竞争情报”模块下的“配置管理”“竞品配置”页面，可以看到在竞品配置详情中包括“顾客流失竞争”和“搜索竞争”两个选项卡。

（1）顾客流失竞争：看了本店中的商品，也看了竞争对手的商品，却买了竞争对手的商品。

（2）搜索竞争：看了本店中的商品，也看了竞争对手的商品，但都没有买。

在“顾客流失竞争”选项卡中单击“添加标签”按钮，选择竞品的维度有价格相似、风格相似、最近7天支付金额大于本商品、最近7天支付金额增速比本商品快。

在“搜索竞争”选项卡中单击“添加标签”按钮，选择竞品的维度有价格相似、风格相似、最近7天支付金额大于本商品、最近7天支付金额增速比本商品快。选择的维度越多，竞品的范围就越小。

2. 竞品添加

打开“竞品分析”“竞争商品”页面，选择“顾客流失竞争”选项卡，选择最近30天的店铺流失数据进行分析。对本店流失率比较高的商品，应当重点进行优化。

单击“顾客流失详情”按钮，可以看到最近30天该产品的流失情况。这些竞品与本店商品存在直接的流失关系。在这些流失的竞品中，流失指数高的竞品需要重点监控。要认真分析买家为何会买这些流失竞品，可从竞品的质量、物流、服务、价格和详情页等方面进行深入分析。

此外，还可以查看哪些商品在搜索竞争度上与本店有直接的竞争关系。打开“搜索竞争详情”，可以看到商品的搜索竞争商品。其中，搜索竞争指数越高，商品被顾客看到的概率就越高，这类商品需要重点监控。

3. 竞品监控

添加竞品后，即可查看监控的所有竞品情况。打开“竞争监控”“商品监控”页面，可以看到添加的本店所有的竞品。

选择正确的竞品是一个战略性的问题，这会影响单品的打造和店铺的走势。寻找竞品的方法有多种，既可以找行业TOP榜中的商品，也可以找实力略优于本店商品的竞品。建议循序渐进地挑选阶段性的竞争对手，并一步步地向前靠拢。

当确定了竞品以后，要对竞品的流量数据、成交数据，以及价格、详情页、活动、搭配套餐、优惠券等方面进行监控和分析，找到竞品优于本店商品的原因，进而对本店商品进行调整与优化。

五、关键词数据分析

（一）关键词数据的来源

关键词就是用户在使用搜索引擎时所输入的能够最大限度地概括其所要查找的信息内容的词语。例如，有人想在网上买一条加厚加绒的牛仔裤，他就会在网站内的搜索引擎中输入“男式加厚加绒牛仔裤”，然后单击“搜索”按钮，相关的商品查询结果就会显示出来，那么他所输入的“男式加厚加绒牛仔裤”就是关键词。

消费者在网上购买商品时，如何查找相关的商品信息呢？有人通过首页上的产品分类目录进行查找，更多人通过站内搜索引擎进行查找。例如，消费者要买电扇，可能在搜索框中输入的关键词有“电风扇”“电扇”“风扇”“落地扇”“吊扇”等，如果卖家出售的商品描述中有上述词语，消费者通过搜索就可以看到卖家的商品，当然排名多少还不能确定。

卖家在发布商品时有一个非常重要的项目必须填写，那就是商品标题，实际上商品标题就是对出售的商品详情页内容所进行的高度概括。网站规定，商品标题的长度是 60 字节，可以输入 30 个汉字，如何利用这有限的空间就显得尤为重要。消费者能否通过搜索框找到卖家的店铺或商品，主要就是通过卖家设置的关键词和消费者输入的关键词进行匹配而决定的。

1. 关键词的组成

在商品标题中，设置的关键词都有一个核心词，这就是常说的“词根”，这个词根就是售卖商品的名称，一般都是产品类目名称。例如，在一个销售皮鞋的店铺中，“男鞋”“女鞋”“皮鞋”等就是词根。

要想充分利用商品标题 60 字节的空间，就要在词根的基础上加上其他关键词，共同组成商品标题。其他关键词主要包含以下四种类型：

（1）属性关键词：指介绍商品的类别、规格、产地、材质、功用、特点等基本情况的字或词。

（2）促销关键词：指关于清仓、折扣、甩卖、赠送礼物等信息的字或词。

（3）品牌关键词：包括商品本身品牌或店铺品牌的字或词。

（4）评价关键词：主要作用是使人产生一种心理暗示，一般都是正面、褒义的形容词。

卖家还可以根据自己商品的特性及顾客心理、购物习惯等演变出更多的组合方式，例如商品标题“正品欧洲 UGG 雪地靴短筒栗色”，这个标题中就用到了产地、品牌、名称、款式、颜色等关键词。再如标题“‘第 168 街’专柜新款 UGG5815 羊毛皮一体长筒雪地靴红色高筒女靴”，这个标题中用到了店铺名称、品牌、型号、材质、款式、名称、颜色等关键词。

2. 搜索词的数据来源

网站店铺的流量来源很多，而流量是店铺运营好坏的基础，很难想象一个没有人光顾的网店能做出多好的销售业绩。在店铺流量来源中，有些是付费的，如通过网站广告等引入流量；有些是免费的，如类目查找、网站搜索、网站收藏、购物车等。对一般店铺而言，通过网站搜索引入的流量是最大的而且是免费的，所以搞好搜索词分析，组合好宝贝标题并及时进行调整，打造出黄金标题，具有非常重要的意义。

在生意参谋中，搜索词的数据来源主要有以下三个方面：

（1）时间维度：按日、周、月、年等进行统计累计值。

（2）类目维度：按照一级、二级和三级类目进行统计。

（3）终端维度：按照 PC 端、移动端进行统计，两者之和称为“所有终端”。

平台会对每个关键词进行统计，包括关键词的搜索人气、点击情况和支付情况等，在此基础上再来计算其他相关指标，如点击率、支付转化率等。

（二）关键词数据的分析指标

在进行关键词分析时，主要从两个方面进行：一是查看行业热词榜；二是进行关键词查询。

1. 行业热词榜的分析指标

进行行业热词榜分析，要事先设定产品类目、时间跨度和设备终端三个维度，然后分析各项指标。

行业热词榜从五个方面展示热搜的关键词：①热门搜索词；②热门长尾词；③热门核心词；④热门品牌词；⑤热门修饰词。其中最重要的是热门搜索词，核心词大多是在这个维度中寻找，所以这也是分析搜索词的重点。

选定上述五个方面之一，生意参谋就会展示该项目的以下六个指标：

（1）搜索人气：在统计日期内，根据搜索人数拟合出的指数类指标。搜索指数越高，表示搜索人数越多。

（2）相关搜索词数：在统计日期内，根据用户的搜索词包含目标词性分词的搜索次数。

（3）词均点击率：在统计日期内，根据用户的搜索词，分词后根据词性匹配出的相关目标词搜索词的点击率累加，包含目标词的相关搜索词数。

（4）点击人气：在统计日期内，根据搜索点击人数拟合出的指数类指标。点击人气越高，表示搜索点击人数越多。

（5）词均支付转化率：在统计日期内，根据用户的搜索词，分词后根据词性匹配出相关目标词搜索词的引导支付转化率累加/包含目标词的相关搜索词数。

（6）直通车参考价：所选关键词当前的直通车参考点击单价。

在行业热词榜的下部还整合了“飙升关键词”，上述方面都有其对应的飙升关键词，主要是对周期内搜索增长幅度较大的关键词进行一个排名，其中用到了第七个指标。

第七个指标为词均搜索增长幅度，指在统计日期内，根据用户的搜索词，分词后根据词性匹配出的相关目标词搜索词的搜索增长幅度累加，包含目标词的相关搜索词数。

2. 搜索词查询的分析指标

进行搜索词查询时，只需事先设定时间跨度和设备终端两个维度，然后输入要查询的关键词进行查询。查询结果展示五个方面，包括搜索词详情、相关搜索词、关联品牌词、关联修饰词和关联热词。其中，最重要的是搜索词详情和相关搜索词。搜索词详情包括当前关键词的搜索趋势、类目构成指标，以及相关搜索词的分析指标。

（1）当前搜索词的搜索趋势指标。当前搜索词的搜索趋势指标主要有搜索人气、搜索热度、点击人气、点击热度、点击率、商城点击占比、交易指数、支付转化率等。其中尚未介绍的指标含义如下：

搜索热度：在统计日期内，根据用户搜索行为数拟合出的指数类指标。搜索热度越高，表示搜索行为越多。

点击热度：在统计日期内，根据搜索点击次数拟合出的指数类指标。点击热度越高，表示搜索点击次数越多。

商城点击占比：在所选的终端（PC 端或移动端）上，用户搜索关键词后出现的搜索结果中，点击网站店铺商品的次数点击所有商品的次数。

交易指数：根据统计周期内支付金额拟合出的指数类指标。交易指数越高，表示交易行为越多。

支付转化率：在统计时间内，支付买家数访客数，即来访客户转化为支付买家的比例。

（2）当前搜索词的类目构成分析指标。商品上架的第一步就要选择类目，类目不仅是拿到搜索流量的必要条件，也决定了商品在市场中的市场份额。因为一个商品往往可以放在多个类目下，放在不同类目下的效果是不同的。

类目构成分析指标包括点击人气、点击人数占比、点击热度、点击次数占比和点击率。以下将分别介绍没有提到的两个指标：

点击人数占比：在统计日期内，某个搜索词的点击人数按产品类目进行统计的比例。

点击次数占比：在统计日期内，某个搜索词的点击次数按产品类目进行统计的比例。

（3）当前相关搜索词的分析指标。生意参谋提供查询某个搜索词的分析指标，主要有搜索人气、搜索人数占比、搜索热度、点击率、商城点击占比、在线商品数、直通车参考价、点击人气、点击热度、交易指数、支付转化率等。其中，前面尚未出现的指标是在线商品数。

在线商品数：当前网站主搜商品包含目标关键词的在线商品数。

（三）关键词数据分析的方法

进入生意参谋“市场行情”模块下的“搜索词分析”页面，就可以进行相关数据分析了。搜索词分析的主要内容包括“行业热词榜”和“搜索词查询”两部分。进行搜索词数据分析的目的是查找核心搜索词，打造黄金产品标题名称，从而获取更多的流量，提升产品的排名，让顾客更容易找到店铺和商品。

1. 行业热词榜分析

单击页面左侧的“行业热词榜”超链接，进入“行业热词榜”页面。行业热词榜是搜索核心词的主要来源入口，首先需要确定时间、产品类目和设备终端三个维度的值。通过这三个维度的切换，找到适合自己商品的搜索核心词，建立核心词库，从而为打造黄金搜索词库打下基础。

确定三个维度之后，可以看到生意参谋从五个方面提供了行业热词榜，分别是热门搜索词、热门长尾词、热门核心词、热门品牌词和热门修饰词。其中最重要的是热门搜索词，以下以热门搜索词为例来进行行业热词榜的分析，其他四个方面搜索词的分析方法是一样的。

（1）热门搜索词分析。在进行热门搜索词分析时，最重要的两个指标分别是点击人气和支付转化率，因为点击人气代表了市场需求，而支付转化率代表了成交。

在寻找关键词的过程中，需要注意以下内容：

一是找到的关键词要有搜索人气。一般来说，使用某个关键词进行搜索的顾客很可能就是要购买这个产品，或者对这个产品感兴趣。

二是找到的关键词要和自己的产品强相关，否则这个关键词就失去了意义，同时卖家还可能因为发布虚假信息而受到网站的处罚。

三是找到的关键词要有较高的支付转化率。寻找关键词的目的就是要引流，要促成交易，所以只有较高的搜索人气而支付转化率不高的关键词要舍弃。

（2）飙升修饰词分析。热门长尾词、热门核心词、热门品牌词和热门修饰词的分析方法与热门搜索词的分析方法是一样的。

2. 搜索词查询的应用

在热词榜分析的过程中确立了核心词库，下一步需要进行搜索词查询，从而建立黄金词库，进而打造黄金标题。

单击页面左侧的“搜索词查询”超链接，进入“搜索词查询”页面。在搜索框中输入要查询的关键词，然后单击右侧的“搜索”按钮，即可看到查询结果。例如，在搜索框中输入核心词“毛呢外套”，然后单击“搜索”按钮，这个关键词的查询结果就会被展示出来。

查询的每个关键词，生意参谋都会展示这个关键词五个方面的数据，包括搜索词详情、相关搜索词、关联品牌词、关联修饰词和关联热词。以下重点介绍相关搜索词、关联修饰词和关联热词的数据分析方法。

（1）搜索词详情数据分析。搜索词详情数据分析主要包括关键词的搜索趋势分析和类目构成的数据分析。

一是关键词的搜索趋势分析。以“毛呢外套”为例，选择“最近 1 天”所有终端数据，选中“搜索人气”指标，可以看到这一天关键词“毛呢外套”的搜索人气。

打造商品标题一般选取最近 7 天的数据，这样才可以反映市场需求情况和趋势，对商品标题进行动态调整。而 30 天的数据则更能反映宏观趋势，结合支付转化率进行分析。

由此可以看出，“毛呢外套”前两周的搜索人气很平稳，支付转化率稳中有降。进入 10 月以后，搜索人气突然上升并保持在较高水平，主要原因是气温变化，进入冬季，也就进入了冬装的销售旺季。与此相反的是支付转化率反而大幅下降后保持稳定小幅上涨状态，可能的原因是在搜索人群增长的同时，购买人数的增长幅度并不大，持观望态度的买家很多，这就需要采取刺激性的营销策略来激发买家的购买欲望。

以上查询的是“毛呢外套”这个关键词的搜索趋势，选中“搜索人气”和“支付转化率”两个指标，在“对比搜索词”文本框中输入“毛呢大衣”，单击右侧的“搜索”按钮，可以看到这两个词的对比分析数据。

二是类目构成的数据分析。拖动右侧的垂直滚动条，可以看到要查询的关键词的类目构成数据。店铺产品发布的第一步就是选择类目。类目是否合理是店铺能否得到搜索流量的必要条件，同时也决定了产品在市场中份额的高低。

产品类目构成数据主要考虑点击人气和点击人数占比这两个指标。假如一个卖拖鞋的商家，查询“拖鞋”这个关键词的类目构成数据，发现拖鞋可以分别放在多个类目中，其中市场份额最大的是“居家日用”。因此，选择类目时应首先考虑产品的相关性，其次考虑市场份额，这就是运营人员找关键词的核心思路。

把关键词的相关性放到第一位是由于网站在进行流量分配时只和三个核心数据打交道，分别是点击率、转化率和DSR动态评分。如果顾客通过关键词搜索，看到的商品是与其不相关的类目、不相关的主图、不相关的详情页，那么就不会产生点击、浏览、加购、收藏、下单、支付等一系列行为动作。在这样的情景下，卖家肯定不能获取流量。因此，上例应该把拖鞋放到“居家日用”这个商品类目中。

（2）相关搜索词数据分析。单击页面左侧的“搜索词查询”超链接，进入“搜索词查询”页面。查找相关搜索词的目的是用核心词来匹配相关搜索词，这种方法被称为“查找黄金关键词”。在此，主要使用的三个指标分别是搜索人气、在线商品数和支付转化率。找到多个黄金关键词后，就可以打造黄金标题了。

查找相关搜索词的核心思路还是查找搜索人气高、在线商品数少、支付转化率高的关键词。通过这种方法找到的关键词能够获取自然免费的搜索流量，然后建立黄金词库，并采用“倍数选词法”打造黄金标题。

（3）关联修饰词和关联热词数据分析。如果标题中的字节数还有结余，还可以查询“关联修饰词”“关联热词”，用相应的修饰词、热词去对商品标题进行补充。在选词时仍要以相关性为第一原则，然后考虑搜索人气与转化率高的关键词。

通过上述步骤，建立了黄金关键词数据库。以下将通过“倍数造词法”来打造商品黄金标题，一般挑选 5 ~ 10 个黄金关键词来进行组合。

“搜索指数”就是该关键词的搜索人气，“竞争宝贝数”就是该关键词的在线商品数，“转化率”就是支付转化率数据。“搜索竞争度”就是所谓的“倍数”，倍数（搜索竞争度）＝搜索指数 / 竞争宝贝数，这个指标表明某种商品平均有几个人搜索。显而易见，倍数越大，说明这种商品的市场竞争程度越小，该关键词就越容易获得排名，并获取自然免费流量。

想把做搜索排名的关键词进行排序，要用优先级标注起来。优先级的确定与黄金关键词的选择原理一样，首先要考虑搜索人气和转化率，其次考虑竞争状况。

第二节 客户行为分析

客户行为分析也就是通常所说的用户画像，用户画像又称用户角色，最初就是在电商领域得到应用的。在大数据时代背景下，用户信息充斥于网络中，将用户的每个具体信息抽象成标签，并利用这些标签将用户形象具体化，可以为用户提供更有针对性的服务。如今，用户画像作为一种勾画目标用户特征、联系用户诉求与设计方向的有效工具，已经在各个领域得到了广泛应用。

一、用户画像的定义及其构建流程

（一）用户画像的定义

用户画像是根据用户的社会属性、生活习惯及消费行为等信息而抽象出的一个标签化的用户模型。为了更好地理解其定义，应该了解以下三点：

第一，用户画像需要收集用户的地位角色、个性行为等信息。

第二，用户画像要对用户信息进行分析整理和总结提炼，并且对象不仅仅是一个用户，而是很多用户。

第三，要建立一个用户模型，这一模型是标签化的并且具有典型特征的模型。

构建用户画像的核心工作就是给用户贴“标签”，而标签是通过对用户信息的分析而得来的高度精练的特征标识。

目前，对用户画像的定义有两种：一种是用户角色；另一种是用户轮廓。

1. 用户角色

以卓别林为例，卓别林的真实肖像是一个帅气的形象，可以拟化为卓别林的一些典型标签，如礼帽、眼镜、小胡子、手杖等，看到这些标签，大多数人很快就能猜到是卓别林。

用户角色是产品设计人员及运营人员从用户群体中抽象出来的典型用户。用户角色本质上是一个用于描述用户需求的工具，它能帮助不同的使用者在产品研发过程中站在客户的角度来思考问题。

例如，新浪微博最初的设计目标是满足一二线城市白领的应用需求，此时用户角色可能是这样的：一二线城市、20 ~ 30 岁、较高教育程度、白领等。新浪微博所有的产品交互和流程设计可能都是在这个基础上进行的。

随着新浪微博的不断发展，它的用户群体已经发生了明显的“下沉”，越来越多三四线城市用户开始使用这一平台。如果这时再去分析定位，显然就滞后了，用户群体已经发生了很大的变化，这时用户轮廓的作用便开始显现了。

2. 用户轮廓

企业都希望通过产品积累的用户行为数据为产品运营提供更好的数据支撑，例如，根据用户浏览记录向用户提供个性化服务，这时就要用到用户轮廓。具体来说，用户轮廓就是根据每个产品中的用户行为数据产出描述用户标签的集合。

随着企业产品被更多的人群使用，对核心目标、用户行为、消费习惯等的分析在这个阶段更加完善，这时企业迫切需要分析与理解现存用户（有时是客户）的建议，并了解这背后隐藏的问题，所以利用用户轮廓来描述用户行为显得更加重要。

用户角色主要来源于产品与运营人员对用户的理解、调研与认知，而用户轮廓则主要是基于真实积累的用户行为并结合具体业务场景产生的一系列标签，这些认知与标签共同构成了对一个用户的真实描述。

用户角色可以帮助人们更加形象地了解目标用户的行为特征，并将其作为判断用户需求的依据；用户轮廓则可以从用户行为中构建出各种标签，在用户生命周期中不断刻画用户的意图，提升产品运营的效率。

（二）用户画像的构建流程

以下将以京东母婴精准营销为例，说明用户画像的整个流程。

如今，社会各界对家庭亲子关系的关注与日俱增。经过多年的发展，京东母婴已经成为中国用户数量很大的母婴自营电商平台，有海量的亲子消费数据。它依靠京东大数据，搭建了母婴社区和母婴会员体系，建立了分层化、精准化、差异化的营销模式，为母婴消费者提供了更符合其需求的产品类型。同时，依靠京东大数据，京东母婴开展宝宝成长计划，为每一位宝宝建立成长专属档案，为其提供更适合的优质产品，实现了千人千面的精准营销。

将大数据技术运用到京东母婴产品类的日常运营中，可以帮助运营人员从数据的走势直观地看到消费趋势的变化。京东消费者更偏爱购买食品、饮料、母婴、美妆等品类的商品。在消费者画像上，消费者以“80 后”“90 后”群体为主，女性用户在京东超市的消费比例高于女性用户在全站的消费比例。“味道不错”“比超市便宜”“是正品”等已经成为消费者对京东超市评价最多的关键词。

要想实现精准营销，就要清楚用户画像的构建流程，如图 5-1 所示。

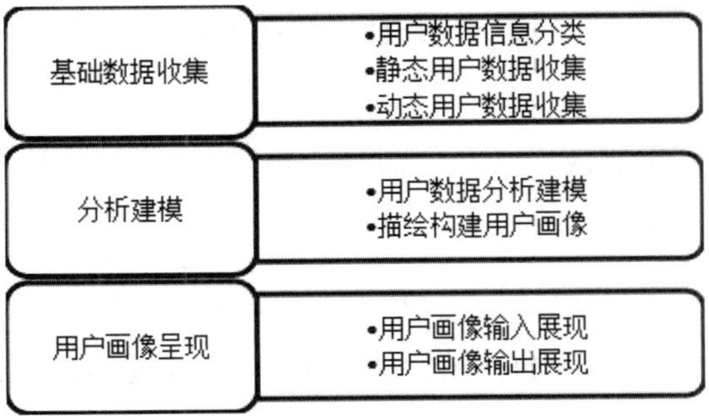

图5-1　构建用户画像的大致流程

用户画像的构建流程可以分为以下三步：

第一，基础数据收集，包括用户数据信息分类、静态用户数据收集和动态用户数据收集等。

第二，分析建模，包括用户数据分析建模和构建用户画像等。

第三，用户画像呈现，包括用户画像输入展现和用户画像输出展现等。

1. 用户数据信息分类

用户数据分为两类：一类是静态用户数据；另一类是动态用户数据。

（1）静态用户数据，一般包括以下内容：

一是个人属性数据，如姓名、性别、出生日期、年龄、地域、婚姻状况等。

二是社会属性数据，如职业、收入、社交信息等。

三是消费属性数据，如消费水平、已购商品、购物频次、购买渠道、退货频次等。

（2）动态用户数据，一般包括以下内容：

一是用户浏览数据，如用户浏览的页面及时间等。

二是用户行为数据，如点击、发表、评论、点赞、搜索、下单、购买等行为数据。

用户画像的建立需要对以上数据进行收集和处理，并通过对以上数据的挖掘、记录及分析，实现对用户更深入的了解。数据是构建用户画像的核心依据，一切不建立在客观数据基础上的用户画像都是空中楼阁。

2. 静态用户数据收集

静态用户数据大部分是用户的各种属性数据，这类数据一般可以通过以下渠道来获取：

（1）通过用户注册数据获取。通过属性的标签化，以及对文本的挖掘获取相关数据，并存入用户数据库。

（2）通过用户事件获取。这部分数据不一定都是在用户注册行为中发生的，但又是相对静态的数据。例如，用户的相关社会属性或者购物偏好可以在用户使用产品的过程中通过文本挖掘，以及对自然语言的处理来获取相关数据。

3. 动态用户数据收集

动态用户数据收集，主要是对用户浏览数据和用户行为数据进行收集与统计。

（1）用户浏览数据。一般通过页面浏览统计工具进行这类数据的收集与统计，例如，若要统计不同用户浏览不同页面的偏好，则通常是通过自建数据后台或借助第三方工具来完成，如百度统计等。

（2）用户行为数据。一般通过在产品上设置相关埋点来进行这类数据的收集与统计，例如，若要统计用户点赞、收藏、评论等行为，则可以通过自建数据后台或借助第三方工具来完成。

4. 用户数据分析建模

数据建模是一项技术性较强的工作，通常需要采用 Hadoop 等大数据的相关技术。以下将举例说明数据分析建模在用户画像中的作用和实现方式。

（1）用户文本标签的处理。用户文本标签包括性别属性的标签、年龄属性的标签、职业属性的标签，以及已购商品的标签等。用户画像通过相关技术统一获取这几类标签的文本内容，然后对其进行处理，并通过聚类算法将具有同一类属性的用户分为一类，同时把不同的用户区分开来，从而实现对用户属性的分群处理，这会在产品运营中起到重要的参考作用。

（2）用户偏好数据的处理。除了通过用户文本标签方式进行处理之外，也可以通过对用户的行为数据进行计算分析。例如，若要计算某一用户对某个电商平台的忠诚度指标，则可以通过以下三方面的指标来统计、分析和判断：

一是用户入口（App、官网、淘宝、微信号、第三方渠道等）。

二是用户购买行为（购买频次、购买单价等）。

三是用户其他行为（分享商品、收藏、评价等）。

在对上述指标进行统计与分析后，就要对这三种不同的指标赋予不同的权重，然后加上相关环境因素（如时间衰减因子、热度干扰因素等），根据相关模型进行计算。

例如：用户忠诚度＝［用户入口权重（30%）＋用户购买行为权重（50%）＋用户产品其他行为权重（20%）］× 时间衰减因子。

这样，就可以通过数据建模提供的相关数据来对用户的忠诚度进行计算和评判。

5. 构建具体用户画像

根据以上步骤对数据的收集获取及处理计算，并结合相关的用户模型，就可以进行用户画像的构建了。用户画像构建通常有三种，如图 5–2 所示。

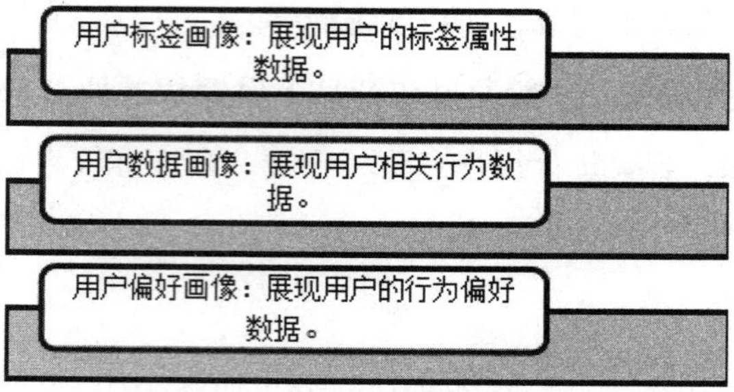

图5–2 用户画像构建的种类

6. 用户画像输入展现

用户画像的输入展现指在产品设计上应保证让用户能够很自然地输入自己的用户数据，这样的设计不会让用户觉得产品是在纯粹地获取自己的数据信息，而是让用户主动、愉悦地输入自己的数据信息。

7. 用户画像输出展现

用户画像输出展现指在产品设计上应保证让用户更了解自己，并知悉自己使用产品的数据。如滴滴出行软件，就是通过以往的用户数据来展现用户的轨迹记录；再如，支付宝年终总结也是一个简单的用户画像展现，支付宝基于用户的购买数据及行为，汇总统计出了一些有趣的用户数据。

用户画像的构建目标一定是为企业的运营规划、运营策略的制定而服务的。如果企业做出来的用户画像无法指导产品设计或者运营规划，不能为企业的策略制定提供参考，那么这样的用户画像一定是失败的。

用户画像永远无法十分准确地描述一个人，而只能做到不断地接近一个人。因此，用户画像既可以根据变化的基础数据进行不断修正，也可以根据已知数据来抽象出新的标签，使用户画像越来越立体。

二、基于大数据的用户画像分析

用户画像是一种重要的用户分析工具，能有效利用海量数据挖掘用户特征。

在大数据时代，其价值日益显现，学术界和产业界的关注度居高不下。① 随着大数据的快速发展，数据量爆发式增长，大数据分析技术日益成熟，可以捕捉的用户行为数据也越来越多，用户画像已经成为更具有价值的画像。要想充分利用大数据时代用户画像的价值，就应当首先了解创建用户画像的基本方法。

业内有很多关于创建用户画像的方法，如“七步人物角色法”“十步人物角色法”等，这些都是非常实用、专业的用户画像方法。这些方法从流程上大致可以分为三个步骤，即获取和研究用户信息、细分用户群以及建立和丰富用户画像。

（一）获取研究用户信息

在大数据时代，获取和研究用户信息主要采取的是定性研究和定量研究这两种方式。

1. 定性研究用户信息

比较适用定性研究的方法是访谈和情境调查法，这也是最基本的方法。以创建用户画像为目的进行访谈和情境调查时的一些注意事项如下：

（1）避免遗漏用户。为了避免遗漏某些类型的用户，需要在尽可能大的范围内对不同用户进行访谈，可以根据已有的用户信息确定还可能存在哪些其他类别的用户。需要注意的是，不应只关注现有用户，还要关注其他目标用户和流失用户，以避免出现遗漏。如果每个假设的细分群体可以访问 5 个用户，并且用户之间的差异很大，那么最多可以提高到 10 个。

（2）利用话题获取信息。关注用户的目标、观点和行为等，以下是可供参考的常用话题：

一是用户的印象与经历：利用初次接触、第一印象、使用经历等话题来获取用户信息。

二是行业经验和知识：对相关产品的使用经历进行叙述，表达对它们的理解，表明自身的职业需求，以及可以利用产品完成的相关任务。

三是目标和行为：表明使用产品来做什么、典型步骤，以及使用产品的原

---

① 赵雅慧，刘芳霖，罗琳．大数据背景下的用户画像研究综述：知识体系与研究展望［J］．图书馆学研究，2019（24）：13-24.

因等。

四是观点和动机：对产品进行评价，如喜欢、不喜欢等。

五是机会：表明对新功能的态度和需求等。

2. 定量研究用户信息

在通过定量研究的方式获取用户信息时，可以采取调查问卷、日志分析和CRM（客户关系管理）数据分析这三种方法来分别获取用户的基本统计学信息、行为模式信息和财务价值信息。

（1）调查问卷，是最常用的方法，可以了解用户的目标、行为、观点，以及人口统计学等方面的信息。

（2）日志分析，可以将得到的行为数据和问卷数据结合起来进行分析，也可以将分析得出的行为模式对应到每个细分用户群中。

（3）CRM 数据分析，收集已有的客户交易、财务等数据，并与问卷数据结合起来进行分析，寻找内在的关联，也可以用于判定每个角色的财务价值。

（二）细分用户群

在用户画像构建的过程中，关键在于如何利用大数据来细分用户。

1. 细分用户群的方法

根据用户数据获取和研究方法的不同，可以将用户细分的方法归结为以下三种：

（1）定性细分。通过定性访谈的方式来获取用户数据，从而对用户进行细分。

定性细分的优点：快捷、方便。

定性细分的缺点：缺少数据验证。

其主要步骤如图 5–3 所示。

图5–3 定型细分的步骤

（2）定性细分 + 定量验证。在定性细分的基础上，进一步用定量的数据来进行验证和细分。

定性细分 + 定量验证的优点：数据和定性结合验证。

定性细分 + 定量验证的缺点：统计要求高，难以了解使用场景等。

其主要步骤如图 5–4 所示。

图5–4 定型细分+定量验证的步骤

（3）定量细分（聚类细分）。通过定量研究的方式来获取用户数据，再通过聚类分析的方法进行细分。

定量细分（聚类细分）的优点：有数据充分佐证，可分析、获取用户的具体特点和较为精确的数据。

定量细分（聚类细分）的缺点：统计要求高，难以了解使用场景等。

其主要步骤如图 5–5 所示。

图5–5 定量细分（聚类细分）的步骤

2. 细分用户群的操作

（1）用定性数据细分用户群。

一是按用户目标划分。按用户目标划分是一种常见、直接的方法，因为每一个用户使用产品时总是带着一种目的而来。例如，针对某一旅游社区产品，用户可能是想了解目的地，也可能是想了解当地的旅游攻略，还有可能是想寻找“自由行”的同行者等。

二是按用户行为划分。用户使用产品会出现不同的行为，例如，对网易云音乐这款产品来说，不同的用户可能会产生不同的使用行为：有些用户会直接搜索喜欢的音乐，有些用户则喜欢根据排行榜的推荐目录来播放，还有些用户在听完音乐之后会分享给其他用户等。

（2）用定量数据验证细分。已经根据定性的数据得出一个细分的假设后，就需要用定量的数据来检验这个假设。

简单的方法：利用 Excel 数据透视表来分析假设的关键细分变量对其他变量的影响。

严谨的方法：利用 ANOVA（方差）分析目标不同的用户，并分析在其他关键属性上是否存在统计学方面的显著差异。

（3）用定量数据细分用户群（聚类分析）。把所有可以用来作为细分选项的变量放进统计分析工具中，通过聚类分析得出一系列备选的细分方式。但这些细分方式不一定合适，所以仍然需要通过多次迭代来寻找不同的变量组合。

（三）建立和丰富用户画像

“移动网络的普及、大数据技术的发展为电商企业构建用户画像进而实现移动端精准营销提供了支持。”[①] 用户细分之后，用户画像的骨架已经基本形成。为了使用户画像更加形象、生动，还需要通过以下步骤来对用户画像进行润色和美化：

第一，描述关键差异：选择几个最典型的特征。只选最典型的几个特征即可，便于人们快速了解不同角色的区别，即使牺牲一些复杂的现实也没关系。

第二，取一个名字：避免几个角色的名字太相似，同时名字最好能够让人联想到用户画像的属性。在取名字的同时，为每个角色创建标签，这样会更便于识别与记忆。

第三，照片：尽量符合这个角色的形象，不同角色的照片风格要一致。

第四，添加细节：包括个人信息（可以发挥创意，做出有根据的猜测，选择可以加强人物性格的细节，如工作、性格、爱好等）；职业和行业信息；计算机技能。

第五，简介：根据具体细节为每个用户画像写个简介。

① 王向晖．基于用户画像的电商企业移动精准营销研究［J］．齐齐哈尔师范高等专科学校学报，2019（6）：95-96.

第六，加入商业目的：希望在每个角色中实现怎样的商业价值。

第七，确定用户画像的优先级：根据项目目的来确定创建的几个用户画像的优先级，进行排序。

第八，描写场景：关于角色如何与产品交互的故事，至少为每个角色的核心目标撰写一个场景，讲好这个故事。

经过丰富之后的用户画像会显得更加形象、生动。

用户画像创建的方法基本上是按照创建用户画像的步骤来梳理的。用户画像的步骤主要分为：获取和研究用户信息，细分用户群，建立和丰富用户画像。

需要强调的是，创建用户画像的方法并不是固定的，而需要根据实际项目的需求、时间及成本来确定。

（四）应用用户画像

1. 用户画像应用的核心

用户画像在各个领域得到广泛的应用，从用户画像的定义中不难看出，用户画像能将真实的用户信息以标签化的形式反映出来。因此，可以说用户画像是真实用户的虚拟代表，用户画像的核心在于给用户“打标签”。

每一个标签都是人为规定的，如性别、年龄、兴趣、爱好等。不同的标签之间进行组合，就会整合成不同的用户画像。人们可以从自己关注的角度来决定使用哪些用户标签。

2. 用户画像应用的案例

用户画像会得到企业如此的关注，是因为企业关注的问题主要有两类：第一，如何做出用户喜欢的产品，这是产品设计方面的问题；第二，如何把产品卖给对的人，这是市场营销方面的问题。而企业需要解决的这两个问题，都离不开对用户需求的洞察。

通过勾画用户画像，就能很好地洞察出用户的需求。因此，将用户画像作为真实用户的虚拟代表，可以很好地反映出真实用户的实际需求。通过构建用户画像，企业可以很好地了解目标用户的需求，从而解决企业的两大业务问题。由此可以看出，用户画像不仅是一个技术问题，更重要的是一个业务问题。

因此，可以将用户画像在企业中所起到的作用，归结为以下两个方面：

（1）对内，主要是指导产品研发和完善业务运营。在指导产品研发时，应当改变传统的闭门造车的生产模式，生产逻辑也应从“造什么用户就买什么”逐渐转变成“用户需求什么就生产什么”，通过对用户需求的调研，企业可以设计制造出更符合用户需求的产品，从而大大提升用户的使用体验。而在完善业务运营方面，主要指在产品销售的过程中，用户画像可以帮助企业改善产品的运营模式，优化与用户交互的流程与体验，从而提升用户的平台黏性和交易转化率。

（2）对外，主要是精细化营销和提供数据服务。根据产品的特点，用户画像能够更精准地找到目标用户，并在用户偏好的渠道和内容上进行投放，从而促成交易行为的完成。同时，被收集在用户画像数据平台上的用户信息和用户行为将成为重要的数据源，可以为今后的业务提供数据服务，有助于新业务的拓展。

总之，用户画像更像一座桥梁，它能跨越企业与用户之间的信息鸿沟，利用大数据的手段，可以把用户错综复杂的消费行为和难以捉摸的心理状态以更加理性的方式呈现出来，让企业决策真正做到“有理有据”。

第三节　运营数据分析

一、店铺运营实时数据分析

（一）店铺运营实时概况分析

本节以“生意参谋”页面为例，探讨商务运营数据。所谓“实时数据”，指店铺当前时间的数据流情况。店铺实时数据分析就是对店铺实时运营效果进行诊断与总结，可以作为店铺下一阶段的运营指南。

例如，某特产食品专卖店的实时概况，其中的数据指标包括支付金额、访客数、支付买家数、浏览量、支付子订单数等，并显示当前时间的支付累计销售数据及无线占比（移动端应用占比）情况。

目前电子商务的发展日新月异，PC 端流量锐减，移动端（手机端）流量一般能占到全店流量的 80% ~ 90%。

1. 实时直播页面分析

在实时直播页面，可了解同行业的平均支付金额，这样就可以与本店目前的经营业绩进行对比分析，了解本店与行业领先水平之间的差距。

在店铺的实时概况分析中，一般情况下，主要包括以下五大指标：

（1）访客数：一般指浏览用户数量 IP，或独立访客数 UV，指单位时间内访问的人数。UV 价值＝支付金额 / 访客数，即每个客户的产出价值、代表着访客人均的点击率、转化率、连带率和客单价。转化率越高，每个访客带来的消费金额就越高；连带率越高，关联消费越高，价值越大。一般情况下，客单价高，转化率会低一些；反之，客单价低，往往转化率会高一些，但这并非绝对。

转化率＝下单买家数 / 访客数，它是考核店铺整体及单品在行业内的竞争系数指标，流量精准度越高，转换率就会越高。

连带率＝下单件数 / 买家数，代表店铺产品的关联程度，以及价格带（价格区间）的合理操作空间。

人均访问量＝浏览数 / 访客数，它代表流量精准度、页面访问深度及产品在同行业的竞争力。人均访问量越高，说明店铺页面承接及关联能力越强，往往转换率也会有相应的提高。店铺经营者一定会想尽一切办法来留住顾客，增加客户浏览时长，因为这对商品（产品）权重、相关数据效果都会有明显的促进和提升。

（2）浏览量：一般指页面浏览量或点击量 PV，指所有页面被浏览次数的总和。

（3）支付金额：买家支付金额总额。

（4）支付子订单数：一起结算的总订单中的某一个商品的订单（被称为子订单）数量。

（5）支付买家数：实际购买商品（以支付为准）的买家数量。

2. 实时分时段趋势、时段累计数据分布效果分析

在“生意参谋”页面，选中“分时段趋势图”单选按钮，页面会显示实时分时段趋势图。选中“时段累计图”单选按钮，页面会显示时段累计数据分布结果图。

通过实时分时段趋势和时段累计数据分布结果，可以观测到以下数据指标：

（1）通过观测销售额指数高峰期及高峰期产值（UV 价值及转化率）找到最佳时间，作为店铺推广时段的重要参考指标。

（2）通过观测实时效果来掌握店铺动态，依据实时动态检验店铺推广效果，即数据与推广预期效果的吻合度。

（3）依据实时数据，推算直通车投资回报率（ROI）、直通车推广时间节点、上下架时间优化设置分布等维度。

（二）店铺运营流量实时来源分析

店铺运营流量实时来源分析的主要目的如下：

第一，找到流量入口的来源，判定推广成果与流量来源是否匹配。

第二，解析流量来源的整体质量，包括流量来源渠道、流量结构和流量系数。

第三，数据流量占比的情况分析，判断店铺流量结构的健康度、推广策略和数据占比是否符合推广逻辑。

第四，结合店铺的实际推广策略判定推广流量来源指标。

1. 店铺实时流量结构分析

店铺流量实时分析的维度主要有以下三个：

（1）淘宝免费，包括搜索流量、类目流量入口、专题流量入口、淘宝天天特价、聚划算、试用、淘金币、帮派等。

（2）自主访问，包括直接访问、店铺收藏、宝贝收藏、购物车、我的淘宝等。

（3）付费流量，包括直通车展示免费点击付费、钻石展位、淘宝客等。

手淘首页、手淘搜索是该店铺免费流量的主要来源。

手淘首页的流量来源是产品一个嵌入页面的展示，产品信息和买家购买的信息相匹配，包括价格带、产品指数、发货地、年龄、买家的优越程度和信用

等级等。如果匹配程度比较高，就会自动展现给买家。还有一个主要的免费流量就是手淘搜索，手淘搜索的流量是通过关键词排名实现的，关键词的排名越高，宝贝的权重就越高，手淘搜索展现概率就越大。

自主访问流量通常是从关注店铺、收藏、购物车、旺旺、友情链接等一些渠道进入店铺的流量，该流量相对权重影响较大，但流量占比一般比较低。

付费流量主要包括直通车推广、淘宝客和钻石展位。付费流量占比取决于店铺不同时期的推广策略，需要考虑其对店铺整体流量结构的影响及具体情况。

2. 流量来源地域分布分析

在进行店铺流量实时来源分析时，除了要分析流量结构之外，还需分析流量来源的地域分布。

流量的地域分布属性可以为店铺运营提供以下决策支持：

（1）结合发货地和目的地来整合包装或运输方式，这样可以节约成本，提高效率。例如，一家店铺的流量来源分布（即买家）主要集中在山东、黑龙江、北京和河北。如果是黑龙江省的卖家发货给位于黑龙江本地的买家，则只需简单包装，使用普通物流即可；如果要发送到其他地方，则可能需要空运，商品包装也不一样，这时成本会增加，效率会降低。

（2）可以判断当时段产品热销地域，从而为直通车推广做时间及地域的数据支撑。

（3）了解当地客户群体特征（如购买力、互联网购物模型、年龄等），制定相应的针对性措施。

（三）店铺运营流量单品数据分析

店铺运营流量单品数据分析的主要内容如下：

（1）商品概况总览：当日销售额，是否有其他商家同行业的竞争者在打击本店曝光产品等。

（2）单品曝光及引流转化。

（3）单品引流效果。

（4）单品访客分析：当日曝光产品的访客与过去数据的对比分析。

（5）单品促销分析和单品的服务数据指标等。

1. 整体商品效果分析

整体商品效果主要关注当天的销售额，具体观测指标包括平均停留时长、详情页跳出率，最主要的是对比前一日的产品指标是上升还是下降。

要进行整体商品效果分析，首先，看单品引流的关键词，与前一日对比，关键词的搜索排名和曝光量是否有所变化；是否依然处于行业的领先水平；如果排名下降，则是否需要增加权重；是否需要增加关键词的推广力度，或者增加关键词的精准度；是否需要更换关键词，这些决策都是通过整体商品效果分析总结出来的。其次，关注单品的关键词点击率和跳出率。如果关键词的跳出率突然间暴涨，就说明该关键词很可能也被竞争商家使用，所以需要适时调整。

2. 商品引流效果分析

商品引流效果分析主要指对商品的单品转化率进行分析。转化率就是所有浏览店铺并产生购买行为客户人数和所有浏览店铺访客人数的比率，其计算方法为：转化率＝（产生购买行为的客户人数 / 所有浏览店铺的访客人数）×100%。

3. 单品服务指标分析

单品服务指标主要看成功退款笔数、成功退款金额和成功品质退款笔数等数据指标，商铺的评分与退款率、退款时长有着直接的关系。

因为品质引起的退款是所有退款中最严重的，可以将商品下架或删除链接。虽然退款不可避免，但也要尽量减少退款。

4. 单品促销分析

为了店铺的流量价值最大化，很多卖家会为单品做关联销售，以引导消费，提升客单价。

当爆款单品流量价值实现了最大化，要适时地做出深度决策分析，是全店服务于单品，还是单品服务于全店；是做单品向全店转化，还是全店转化服务于单品。总之，形成流量互动和闭环是店铺必须追求的目标。

（四）访客人群结构数据分析

1. 访客人群特征分析

访客人群特征如下：

（1）年龄：访客的年龄。

（2）地域：访客所在的地域。

（3）访问时间段：访客访问店铺的时间段。

（4）淘气值：淘气值基于淘宝丰富的大数据，不再以购买力作为唯一参照，而是通过综合计算购买力、互动指数和购物信誉等核心指标，最终得出一个分值，该分值就是会员等级。淘气值决定会员有没有享受快速退款的特权，还包括其他的购物优惠。

（5）访问行为：访客的购买行为习惯，例如，访客来源于手淘搜索、手淘首页还是付费流量，访客的浏览习惯、浏览时长、转化率及退款率等。

2. 整体访客时段分析

商品的转化率=买家数 / 访客数，转化率可以作为直通车推广 ROI 的决策依据。商品上架时间一般应选择访客最多的时间节点，如果 15 点、20 点、21 点的访客数最多，则可以选择在这几个时间点上架。另外，在流量高峰期应当做好相关的准备工作。

3. 访客基本特征分析

访客淘气值越高，店铺的访客权重也就越高。消费层级代表产品的价格维度，也就是通常说的价格带。如果消费层级符合店铺单品宝贝的客单价，那么这个维度就是最优的；如果消费层级为 80 ~ 135 元，而单品的客单价是 200 元，那么该店铺商品的流量标签就是不准确的。

访客性别占比，如果是零食商品，女性的占比高是正常的；如果是体育用品，则男性的占比会高一些。对一个健康的食品店铺而言，其老访客和新访客的占比大多数都在 10%左右，其中老客户转化、UV 产值、权重增加较高，而新访客转化率通常会比较低，所以老客户越多越好。当然，新客户作为店铺的新鲜血液也是卖家必须时刻关注的指标之一。

（五）店铺运营推广效果数据分析

店铺运营推广效果数据分析，不仅看投入产出比、推广花费等硬性指标，还要通过页面数据来看具体效果。

店铺运营推广效果分析的数据指标主要包括以下五个：

第一，无线入店与承接，就是流量来源及店铺承接引导的能力、承接页的承接方式和店铺推广效果数据分析。

第二，店内路径，就是流量在店铺中的浏览数据。

第三，商品详情页排行。

第四，离开页面排行，就是通常所说的跳出率。

第五，数据趋势，预示着下一步的数据走向。

例如，在某店铺“生意参谋”的“流量”“店内路径”页面中，流量主要来源于商品详情页，访客数为589，下单买家数为97，下单转化率为16.47%，此转化率相对于行业平均水平来说是比较高的，因为一般情况下，特产、食品类的平均转化率通常在4%～5%，说明该店铺商品的性价比也比较高。

一般情况下，“双11”“双12”或其他流量暴涨的日段，访客数会暴增，转化率通常会有一个明显的下降。因此，卖家应当根据运营节奏及页面优化等因素查找数据，及时进行总结与分析。

（六）店铺运营实时榜单数据分析

店铺运营实时榜单（排行）数据分析的指标主要包括以下五个：

（1）单品实时产出，主要指销售额。

（2）实时店铺流量来源。

（3）实时趋势。

（4）关联品实时趋势和店铺实时榜单数据分析。

（5）店铺商品结构。

如果是一个稳定的店铺，那么该店铺的单品产出应该也是稳定的。可以通过了解实时销售榜单来判断店铺的产品结构是否健康，榜单数据是否理想。

只有通过店铺实时数据分析，掌握店铺动态，及时发现店铺存在的问题及其关联影响因素，才能及时做好数据指标倾向性调整，从而保证店铺利润的最大化。

二、店铺交易结构数据分析

（一）店铺交易数据来源分析

借助生意参谋“交易”模块中提供的众多视图，运营人员可以查看与分析店铺的运营交易情况。

1. 交易概况店铺交易数据来源分析

“交易”模块提供了交易概况、交易构成和交易明细数据指标。

“交易概况”从以下三个维度清晰地展现了店铺的交易状态：

（1）访客数，即当天的访客数量，以及与前一日的情况比较。

（2）下单（拍下未付款）买家数和下单金额，以及与前一日的情况比较。

（3）支付（付款订单）买家数、支付金额、客单价、转化率，以及与前一日的情况比较。

2. 7 天交易概况分析

店铺运营一般用最近 7 天的数据来把握店铺成长的状态是否健康，所以最近 7 天的数据又被称为实时数据。在店铺运营工作中，需要优化的数据就是支付转化率和店铺访客之间的数据变化。转化率的高低会影响访客的多少，这是淘宝平台一个核心的数据指标。

3. 30 天交易概况分析

最近 30 天交易概况的数据分析更贴近趋势分析，能够更精准地显示趋势变化给店铺带来的交易波动，特别适合周期性强的店铺分析，如服饰、鞋包、家纺等类目的店铺。

通过切换时间范围，运营人员可以分析不同时间段的交易数据，及时了解店铺访客、下单（拍下未付款）、支付转化率、支付金额、客单价等重要的店铺交易数据，并确定较大的波动变化来自哪个时间节点，进而分析店铺交易中存在的产品供应链问题（尤其适合强周期的店铺类目分析）。

通过切换终端，运营人员可以单独对某个终端的数据进行分析，优化店铺在不同终端的交易占比。目前移动端兴起，所以应当重点提升移动端的排名与店铺权重。通过交易终端的切换，运营人员可以分析不同设备平台（PC端与移动端）的交易数据，配合时间周期，及时了解不同设备平台上的用户交易状态，进而根据不同设备平台的数据反馈来布局或优化店铺流量的引入工作。

4. 交易趋势分析

交易趋势分析，主要是从店铺的交易情况和与同行对比来进行分析，包括单维度交易分时图和多维度交易分时图两种趋势图；还可以通过时间切换、数据指标筛选来结合进行对比。

运营人员可以通过指标多选或者单选，结合时间切换指标，综合化或者细分化解析店铺交易趋势的动态变化，能够正确地对店铺的供应链进行调整和布局。

通过与同行对比单维度交易趋势分时图，运营人员能掌握每天店铺细分交易指标是否在行业中属于正常状态；通过与同行对比多维度交易趋势分时图，运营人员能掌握每天店铺综合交易指标在行业中处于什么状态。如果店铺的数据指标低于行业的平均数据指标，那么就需要进行供应链及推广营销策略的调整与优化。

（二）店铺交易结构数据分析

1. 终端构成店铺交易结构分析

打开“生意参谋”，进入“交易”“交易构成”页面，可以查看最近30天交易终端的交易情况。

打开PC端趋势图，运营人员可以从支付金额占比、支付金额、支付买家数、支付商品数和支付转化率等方面进行数据分析。

2. 类目构成分析

“类目构成”统计出支付金额、支付金额占比、支付买家数和支付转化率，便于运营人员对店铺的商品和终端进行分析。分析交易类目构成是提升关联销售、提升客单价的有效方法之一。

单击右上角的“下载”按钮，可以导出该店铺的交易类目构成数据，如果在“所有终端”中只有一个子类目，像这样一个类目结构只有一个叶子类目是比较危险的，因为如果一个较强的竞争对手也有该类目，那么该店铺的优势将不复存在。构建一种动销型的店铺模型是比较稳妥的，运营人员可以通过类目构成了解店铺交易结构布局，进而优化与调整店铺的动销率。

三、店铺售后服务数据分析

（一）店铺评价数据分析

每个买家在完成一次购物后一般都会给予评价，给的是好评还是差评、物流配送怎么样、买家的评价对店铺是否有影响、如何提高店铺的评分等，这些数据指标主要集中在“服务”模块中。

打开“生意参谋”，在“服务”模块中可以查看“评价概况”和“评价分析”。

店铺评价数据分析，可以使用“评价概况”中的卖家服务评级（DSR）“评价分析”中的趋势分析、评价内容分析和商品评价分析。

DSR 主要指的是其动态评分系统，主要分为描述、服务和物流。

第一，描述：要求卖家实事求是，要把商品最真实的情况展示给买家。

第二，服务：主要考察的对象是客服，包括旺旺响应时间、礼貌用语、售后纠纷解决情况等。

第三，物流：包括发货时间、发货速度、快递方服务态度、商品包装情况等。

“生意参谋”为商家提供了评价的趋势图和每天的评价列表，商家可以自行下载，分析每天的评价评分情况。

进入“服务”“评价分析”页面，可以切换时间、商品类目、品牌，评价分类（有图评价数、评价数、主动评价数、负面评价数、正面评价数、老买家负面评价数、老买家正面评价数和卖家解释数）等。

卖家可了解整体的评价内容，评价内容分析重点关注负面评价的主体内容，解决性价比相关、商品相关、包装相关、服务相关、物流相关的日常售后工作中存在的问题。

除了了解整体的评价内容之外，卖家还要了解单品的评价内容。单品评价内容分析中列出了负面评价数、PC 围观人数占比和手淘围观人数占比等，这些占比都会影响买家的购买。

单品的评价内容分析中提供了单品评价内容趋势分时图。趋势分析指标中包含了负面评价数、PC 围观人数占比、手淘围观人数占比、PC 支付转化率、无线支付转化率、PC 支付子订单数和无线支付子订单数等指标，运营人员可以选择一个或多个指标进行分析与整理。

售后服务数据是DSR评分的重要组成数据，卖家要想获取源源不断的流量，就要重视 DSR 评分的维护与提升。

（二）店铺退换货数据分析

买家将商品放进了购物车，确认了订单并付款，商品已送达，但突然要求退货退款，其中的原因是店铺退换货数据分析需要解决的核心问题。

打开“生意参谋”，进入“服务”“维权分析”页面，这个页面显示了退款原因、成功退款金额（占比）、成功退款笔数（占比）、退款完结时长、纠纷退款笔数，同时可以切换时间和商品类目，从多个时间维度对退款原因进行分析，快速找到退款问题的解决方法，从而为后期售后工作提供有效的解决方案。

运营人员通过“退款商品”列表可以查看发生退款的商品，单击某个商品右侧的“趋势单品分析”超链接，即可进行单品趋势分析，运营人员可以通过筛选售后指标（支付金额、成功退款笔数、成功退货退款金额、成功已发货仅退款金额、成功未发货仅退款金额、成功退款金额等），分析单品售后退款的动态数据变化。

除了维权分析之外，店铺退换货数据分析中还包括单品服务分析。进入“商品”→“单品服务分析”页面，即可看到这些分析数据。

在“重点服务指标总览”区域中，列出了“描述相符（近 180 天）”“退款率（近 30 天）”“品质退款率（近 30 天）”“纠纷退款率（近 30 天）”的指数和类目同行的平均值，如果退款率高于同行平均值，则需要引起足够的重视。

在“服务指标趋势”区域中，列出了维权指标（成功退款笔数、成功退款金额、成功品质退款笔数、纠纷退款笔数、成功已发货仅退款金额、成功未发货仅退款金额、成功退货退款金额)和评价指标(PC围观人数占比、手淘围观人数占比、有图评价数、评价数、主动评价数、负面评价数、正面评价数、老买家负面评价数、老买家正面评价数)，以及交易指标(PC支付转化率、无线支付转化率、PC支付子订单数、无线支付子订单数、PC端支付金额、移动端支付金额)。选择不同的指标，可以生成相对应的分时分析报表。

在"退款原因分析"区域中，退款原因有很多，如拍错/多拍、7天无理由退换货、不喜欢/不想要、物流一直未送到、退运费、参数规格/品种不符、物流无跟踪记录、材质面料不符等。

在"商品评分分析"区域中，商品评分为1～5分，卖家可以在此分析买家对商品的评分，对于特别低的评分，即使数量不多，也要找到原因并及时改进。

在"评价内容分析"区域中，卖家可以从颜色分类和评价(主动平价数、负面评价数)两个方面来进行分析，卖家应对买家的评价逐条进行分析，找出问题所在，优化产品的品质和服务，提升DSR评分。

售后服务数据是DSR评分的重要组成数据，商品退换货对店铺运营有较大的影响，所以一定要注意店铺维权分析中的退款原因分析和单品服务分析中的退款退货指标分析，以提升DSR评分。

(三)店铺维权数据分析

买家都希望每次网购是愉快的，不希望发生一些不愉快的事情，如尺码不符、商品破损、要求退款、卖家迟迟不能发货、物流配送迟缓等。要想在淘宝平台上获取稳定的商品排名和自然免费流量，DSR评分是一个重要的核心指标，主要包括三个评分，即宝贝与描述相符、卖家的服务态度和物流服务的质量。与点击率、转化率一样，它需要店铺运营人员每天关注并且优化，所以运营人员通常称它为搜索排名先行指标。运营人员只有优化好了这个核心指标，才能发力推广，从而获取好的商品搜索排名。

打开"生意参谋"，进入"服务""维权总览"页面，可以查看退款率、退款自主完结率纠纷退款率、介入率、投诉率、仅退款自主完结平均时长(天)、退货退款自主完结平均时长（天）、售后服务综合指标行业排名占比。

如果退款率、仅退款自主完结平均时长（天）、售后服务综合指标行业排名占比这三个数据在下降，则说明售后服务在提升，店铺状况正在改善。如果纠纷退款率、介入率、投诉率这三个数据为 0，则说明店铺售后工作到位。

除了查看维权总览之外，卖家还要查看维权趋势。维权趋势 30 天指标包括退款率、退款自主完结率、仅退款自主完结平均时长（天）、退货退款自主完结平均时长（天）、品质退款率、纠纷退款率、投诉率、介入率、售后服务综合指标行业排名占比、退货退款率和仅退款率。

维权趋势单天指标包括纠纷退款笔数、投诉成立笔数、成功退款笔数、品质退款笔数、成功退款金额、成功仅退款金额、成功退货退款金额和品质退款商品数。

在“TOP 退款商品（近 30 天）”区域中，卖家可以查看成功退款笔数和成功退款金额等数据，分析商品退款原因和占比，及时调整与优化产品品质、协作物流、仓储发货等工作。

四、店铺物流服务数据分析

（一）物流评价分析

物流时效性和服务是消费者购物体验的重要组成部分，也是 DSR 评分之一。在“生意参谋”中提供了物流分析功能，卖家可以通过时间切换入口来筛选日、周、月等不同时间节点的店铺物流数据。在“物流分析”模块中，主要包括物流概况、物流分布和物流监控。

1. 物流概况分析

在“物流概况”中，物流的核心指标都呈现在其中，包括物流总览、物流趋势、物流服务质量评价、物流异常、TOP 收货省份分布、TOP 收货物流公司分布等。

物流趋势的核心指标有以下三个：

（1）工作量：包括支付订单数、发货包裹数、揽收包裹数、派送包裹数、签收成功包裹数。

（2）效率：包括平均支付—发货时长、平均发货揽收时长、平均揽收签收时长、平均发货—签收时长、平均支付—签收时长。

（3）效果：包括物流差评率、物流详情完整度、拒签率、签收成功率。

选择工作量、效率和效果三个维度中的一项或多项，可以呈现出不同维度的趋势图或列表。

借助物流服务质量评价，可以清晰地看出物流评分情况。

在“物流异常”区域中，显示的是30天内物流异常情况，根据物流的异常情况（派签超2日签收成功包裹数、虚假签收投诉包裹数、揽签超7日签收成功包裹数、支付后超72小时揽收包裹数）的相应数据，卖家需要对其进行有针对性的处理。

在“TOP收货省份分布”区域中，通过对省份分布进行分析，这些数据分析对大型仓库、分仓、物流服务商的选择等有着重要的指导作用。

2. 物流分布分析

“生意参谋”为卖家提供了“物流分布”模块，让卖家可以从工作量、效率、效果、异常和物流公司等维度对收货地进行物流统计分析。

选中“揽收包裹数”“签收成功包裹数”“平均揽收—签收时长”“签收成功率”复选框，还能查看每个收货地的趋势曲线。

通过对物流数据的分析，卖家可以清楚哪个地区的哪家物流公司的服务好、效率高，并找到合适的物流公司进行合作。

3. 物流监控分析

在“物流监控”模块中会列出异常的物流订单，卖家要重点关注这些订单，了解出现异常的原因，及时做好与买家的沟通工作。

（二）物流管家的使用分析

为了更精准地对物流进行监控，卖家可以订阅“物流管家”，借助它可以快速发现物流中出现的揽收、派件、中转等各个节点的问题，这样就可以及时联系买家与快递网点，快速弄清出现问题的原因，从而提升物流服务体验。

第一，包裹中心。在“包裹中心”模块中，卖家可以查看包裹的所有状态。

第二，异常包裹。异常包裹分为派签超时、揽收超时和物流未更新三种异常状态，需要卖家及时关注并解决问题。

第三，买家投诉。在“买家投诉”模块中，卖家可以查看买家的投诉内容，了解买家投诉的原因，查看投诉的处理状态。当有虚假签收订单投诉时，物流公司一般会介入处理，卖家应当了解处理进度，也可对买家进行安抚，以降低买家对物流的不满程度。

第四，退货包裹。在“退货包裹”模块中，卖家可以查询退货包裹情况，以便及时掌握买家因退货而引起的退款，及时响应并缩短退款时间，提升店铺的售后体验。

五、店铺视觉设计数据分析

（一）页面分析

店铺视觉设计是基于视觉数据的设计。卖家只有分析商品的来源，摸清访客、点击率、转化率和引导下单等数据后，才能进行店铺页面设计。

随着消费者静默下单比重的不断增加，卖家在设计店铺首页、详情页时要有统一的规范，以增强店铺和商品的品牌定位，加深买家对店铺的认知和记忆。

页面分析包括首页＆自定义承接页和商品详情页两个子模块。

1. 首页＆自定义承接页分析

打开“生意参谋”，进入“流量”“页面分析”页面，可以按照时间、设备平台、定制页面和应用四个维度来分析流量、引导转化的数据。

（1）流量相关：包括浏览量、访客数、点击次数、点击人数、点击率、跳失率和平均停留时长。

（2）引导转化：包括引导下单金额、引导下单买家数、引导下单转化率、引导支付金额、引导支付买家数和引导支付转化率。

如果手机淘宝店铺首页平均停留时长只有6秒，而正常行业的平均停留时长为18秒，则可见该页面不大受买家的欢迎，有待提高。

选择“数据趋势”选项卡，可以清晰地查看选中的各项指标数据的曲线情况。

2. 商品详情页分析

流量进入店铺后，最终都会进入商品详情页。在“商品详情页”模块中，卖家可以通过访客数、点击人数、点击率、平均停留时长和引导支付转化率来判断哪些商品的销售效果较好。卖家可以将表现好的商品放置到店铺推广位置，适度增加相关活动，以打造爆款。

（二）页面配置分析

卖家可以通过添加自定页、承接页或商品详情页来配置自定义的页面，根据自身店铺的商品与活动设计出更好的页面效果，然后分析店铺的活动效果。

第四节　营销推广数据分析

现在网店之间的竞争变得越来越激烈，网店运营策略也由以前单一的拼价格到现在的拼客户购物体验等。因此，卖家在网店运营中需要更重视营销推广数据分析。卖家建立和运用营销数据分析，可以更精准地预测市场需求，以满足客户的需求，从而牢牢地把握住客户，把握住市场，增强店铺的核心竞争力。本节以直通车数据分析与智钻数据分析为例，探讨营销推广中的数据构成及分析。

一、直通车数据分析

（一）直通车策略的数据分析

直通车作为淘宝与天猫推广的中流砥柱，其推广技术是卖家在店铺运营过程中必须掌握和不断提升的。直通车有高精准的流量入口，在店铺运营过程中，直通车可以带来精准的流量，而且直通车应用范围广、门槛相对较低，大部分淘宝与天猫卖家都在使用。

针对不同的行业、不同的产品，直通车的投放策略也不一样。不同的“车手”在直通车推广的过程中，在技术操作层面看似一样，但因为数据反馈不同，而在整个直通车推广策略上有很大的差别。

1. 标品与非标品的策略分析

所谓标品，就是有明确的规格和型号。例如，苹果手机有 iPhone 11、

iPhone 12、iPhone 13 等型号，每个型号下又有 64 GB、128 GB 等不同的子型号。

非标品就是没有明确的型号区分，如服装和工艺品，不同的人有不同的喜好。

标品和非标品在直通车推广上的主要区别在于推广时段的控制，以及关键词选词策略的区别。对标品来说，如做数码家电的商家，其标品的关键词常年不变，用直通车辅助搜索来做销量是很稳定的；而对非标品来说，在选词上就需要注意以下两点：

（1）与产品属性相关的词语，如“田园”“简约”“纯棉”“加肥加大”等，这些关键词可以常年跟进。

（2）与季节相关的词语，如“春夏秋冬”“加厚”“冬天”“薄”“短袖”“长袖”等，这样的关键词，在季节来临之前先“养词”，慢慢增加关键词的质量得分，增加关键词的权重，到季节来临时会比同行有更好的表现。

2. 针对新建计划策略分析

一个单品的推广可以选择建立一个或两个直通车计划。如果账户本身已经有了比较好的转化，例如，ROI 都在 2 以上，单品转化不错，那么新增商品可以在原来计划的基础上增加商品推广；如果原来计划的 ROI 比较差，则建议将其删除，重新建立计划。

3. 选词差异化策略分析

与搜索标题、直通车标题匹配比较好的关键词质量得分会比较高，增加到单品计划中的关键词，质量得分高于 8 分则保留，低于 8 分则删除。加词后如果质量都比较高，则再考虑转化率，根据转化率淘汰掉一些质量不好的关键词。

卖家做直通车推广，最终还是围绕关键词来进行的，即选出相关的关键词，根据最有可能转化的关键词来做直通车创意。卖家应根据搜索词对应的搜索展现来做创意文案，同时还要了解同行直通车的图片与色系，做差异化操作。

（二）直通车质量得分的数据分析

有的卖家操作直通车时，关键词质量分非常高，但点击扣费非常低；有的商家关键词质量分非常低，直通车再怎么烧钱也买不来应有的流量。质量分优化是直通车推广中非常重要的环节，因为质量分关系着关键词的排名和关键词的平均点击花费，只有质量分高关键词排名才会靠前，获取流量的能力才会强，而且质量分高，关键词的平均点击花费会降低，账户的投入产出比就可以得到提升。直通车质量得分分为相关性、创意质量与买家体验这三个维度，卖家应以这三个维度为划分条件，在优化直通车关键词质量分时，根据质量分的维度情况来选择对应的优化方式。

1. 相关性分析

相关性包括类目相关性、属性相关性和标题相关性等。卖家要把类目、属性、标题甚至主图中标出的卖点，以及详情页中主推的优势等都统一起来，这样才能最大限度地提高产品的相关性，在相关性方面把质量分拉到最大值。

（1）类目相关性。类目相关性是优化关键词质量分相关性的根本，产品所在类目和推广的关键词所属类目要高度匹配，这样才有利于质量分相关性的提升。

（2）属性相关性。属性相关性是关键词质量分的重要组成部分，推广的关键词要和产品属性高度一致，互不相悖。但要注意的是，并不是说没有选择的属性不能推广，而是要优先推广选择的属性词，然后可以推广不相悖的关键词。例如，在产品属性选择的是“中”，那么就不要再推广带有“小”“超大”这样的关键词，因为这样的关键词与属性相悖。

（3）标题相关性。关键词要与产品属性保持高度一致，同样也要与产品的标题保持高度一致，这样有利于关键词质量分相关性的提升。如果某个关键词是主推关键词，则不但要保证这个关键词与产品属性保持一致，而且建议把这个关键词写入产品的搜索标题和创意标题中。当然，产品的搜索标题和创意标题有字数限制，不是所有的直通车推广关键词都可以写入，所以在产品搜索标题和创意标题上只写比较重要的关键词。

2. 创意质量分析

创意质量主要指点击率，点击率对直通车来说至关重要。如果一个关键词的点击率低，则其质量分就不会很高，所以必须先提高关键词的点击率。要想提高关键词的点击率，就要从创意上做测试，分别为换图测试、文案与排版测试、投放时间测试与地域测试等。卖家应经过一段时间的数据观察，把点击率最理想的创意留下来。

（1）换图测试。卖家应通过提升创意图的点击率，进而提升创意质量分。在优化创意图点击率时，卖家可以通过换图测试选择点击率比较高的图片进行投放。换图测试需要不断地定期更新创意图，通过不同卖点和单品活动的展示来吸引买家。

（2）文案与排版测试。电商文案与排版的作用是不可忽视的，它可以吸引更多的买家到店铺中来，更能在最短的时间内吸引买家的眼球，让买家产生购买欲望，因此有必要进行文案与排版测试，择优选用。要在排版、创意文案上与竞争对手进行区分，从而获得高点击率。

（3）投放时间测试。卖家可以通过推广计划的投放时间设置来控制推广产品的展现和点击情况。在投放时间上，可以倾向于投放系统推荐时间模板和“车手”们自己测试过的高点击率的时间模板，进而提升账户整体的点击率，这样有利于质量分的提升。

（4）地域测试。卖家可以通过推广地域的优化来提升账户整体的点击率，进而提升账户内关键词的质量分。在使用这种方法时，卖家需要先知道主推的关键词在哪些地域具有点击优势。通过查看主要关键词的高点击率地域，进而选择投放地域。

3. 买家体验分析

如果买家定位精准，售前售后的服务到位，以及物流、买家评价、晒图好评优于同行等，质量分就会上升得很快。提升买家体验质量分的方法分为转化法、销量法和账户法。

（1）转化法。在买家体验中，最核心的指标就是买家的点击转化率。针对主推关键词的买家体验维度，卖家可以把主推关键词、创意图和产品的主要卖点结合起来。买家在搜索关键词时，是在关键词上表达了自身需求的，在通过创意图点击进来时，也是因为创意图上传达的信息进一步匹配到了买家的需求，当产品页面的卖点也能很好地满足买家的需求时，买家就会下单。在这个过程中，买家需求、关键词、创意图与产品卖点都是高度统一的。

（2）销量法。销量法提升的是关键词的初始质量分，指单品在推广时已经累积了一些基础销量和评价，通过“上车”时的销量和转化优势来提升关键词的初始质量分。当一个产品已经有了一定的销量和评价时，再加入直通车推广，其关键词的质量分很多时候会比零销量、零评价的产品质量分高一些。基于这种情况，当已经认定了一个主推款时，建议卖家在对该产品累积一些基础销量和评价后再加大推广力度。

（3）账户法。在提升买家体验维度中，关键词的点击转化率是重点，而另一个很重要的维度就是推广计划的基础分。因此，卖家需要更多地关注一个推广计划累积投放的时间、消耗和计划内高分词的数量。

（三）直通车精准人群推广分析

现在关键词竞价越来越高，同质化越来越严重，流量也越来越少。2018年，淘宝平台新开发了“人群筛选”功能，只有投放精准人群才能达到良好的推广效果。如果不使用该功能，则直通车流量非常有限，而且转化率和点击率也比别人低，关键词的质量分甚至关键词获取的流量也会越来越少。

定向投放也可以引入精准流量。现在定向投放中也可以像直通车关键词一样，针对人群进行标签的推送。这些标签系统会定期进行补充，只需把与产品比较匹配的标签进行定向添加并且出价即可。添加标签后可以对其进行测试，与测试关键词类似，出价后投放3～7天，观察定向标签的数据，有转化和投产的标签属于表现比较好的定向标签。卖家可以对表现好的定向标签进行溢价操作，反之，对表现不好的标签进行降价或删除处理，这也是定向推广可以得到更精准流量的原因之一。

单品定向投放是系统先构建买家兴趣模型，然后在细分类目中抓取宝贝特征，再把商品特征和买家的兴趣点相匹配，把买家感兴趣的产品展现在定向位置上，从而实现精准营销。例如，每个买家都有标签，某买家的标签为“男性、30岁、高消费、喜爱Jeep车”，是淘宝的忠实买家。如果淘宝上卖家在销售汽车配件，正好在推广Jeep车射灯，该卖家设置的人群标签为“男性、25～30岁、月消费1750元、Jeep车射灯”，那么买家与卖家的标签非常匹配，成交的概率会非常高。

买家近期搜索、收藏、加购、购买哪些产品，就自带哪些标签，通常是由买家感兴趣的产品类目与产品属性作为标签。系统会把商品标签和买家标签进行比对，当买家在站内外进行浏览时，系统就会把商品推送给感兴趣的买家，这种推送相对来说比较精准。相反，有些卖家通过作弊的方式来操作商品的销量和评价，系统就会认为某些买家是这款商品的兴趣用户，其实这部分买家并不真的需要这款商品，这种推送就不精准了，在后期推广过程中会处处受限。

因此，在整个定向投放过程中，卖家首先要考虑的是自己的商品究竟针对的是哪些用户群体，产品的标题、主图和属性能不能完全代表商品的特征；当商品通过定向推广展现给买家时，定向投放的图片是不是足够吸引人，图片是不是有充分的理由吸引买家进行点击。

达到目标人群的精准匹配，设置精准人群投放需要三个步骤：一是找到适合的人群标签；二是在直通车中测试人群标签；三是同时数据分析，找出最适合的组合标签并进行推广。

要想找出适合的人群标签，首先，要对产品有非常深入的理解，不管是自营的还是代运营的，都需要深入地了解产品；其次，从多个维度进行单标签提取，如性别、年龄、客单价等；最后，进行多标签组合。

打开生意参谋，在“流量”“访客分析”页面的“访客对比”中可以看到地域、性别、年龄、消费层级等维度，从这些维度中可以提取标签。卖家应把提取的标签加进直通车，这些标签包含单标签、双标签，也包含组合标签，组合这些标签后加入直通车运营测试。

运营一段时间后，卖家应观察标签运营数据情况。重点关注点击率、投入产出比和点击转化率。保留点击率高的标签，结合投入产出比和点击转化率，点击转化率越高，意味着标签越精准。如果点击转化率高，投入产出比也高，可以增大标签的溢价能力，反之则减小溢价能力。

直通车人群标签设置的根本目的就是把商品匹配给最需要的用户，最大化利用流量，把每个流量都匹配到最合适它的商品。这样，人群标签会越来越多，流量会越来越精准，优化的工作也会越来越细致。

二、智钻数据分析

钻石展位（简称钻展）是淘宝网图片类广告位竞价投放平台，是为淘宝卖家提供的一种营销工具。钻石展位依靠图片创意吸引买家进行点击，从而获取巨大的流量。

钻石展位是按照流量竞价售卖的广告位，计费单位为每千次浏览单价（CPM），按照出价从高到低进行展现。卖家可以根据群体（地域和人群）、访客、兴趣点三个维度设置定向展现。此外，钻石展位还提供数据分析报表和优化指导。

2016 年，钻石展位升级为智钻，实现了智能营销，其最大特征是自动化及高效。掌握智钻推广技能，做好智钻的数据分析，对运营人员来说非常重要。

（一）智钻的扣费原理

以下先举例说明智钻的投放原理。假设某个标签的客户此时一共有 10000 个，但投放这个标签的卖家有 20000 个，客户数量明显小于卖家数量。在这 20000 个卖家中，针对这个标签，出价排名在前 10000 名的就可以得到展现；排名在 10000 名以后的卖家就不能得到展现。如果想要获得展现，就要提升千次展现出价。

智钻的扣费模式有两种——CPM 和按点击付费（CPC）。这两种扣费模式在进行展现时，都是按照千次展现出价进行排名的，排名靠前者优先展示。

CPM 按照每千次展现收费，点击不收费。按照竞价高低进行排名，价高者优先展现。如若出价 100 元，则广告展现 1000 次收取 100 元，不满 1000 次系统会自动折算收费。

CPC 是按点击收费，即展现免费，点击才收费。在点击付费投放模式下，将“点击出价”折算成“千次展现”的价格。折算后的 CPM 出价与其他卖家进行竞争，价格高的优先展示。

（二）智钻推广的适用商家

人群质量可以分成三类，即初次新客（或兴趣人群）、粉丝（或沉默老客）和活跃老客，针对这三类人群进行推广时，适合采用不同的智钻投放策略。

初次新客（或兴趣人群）流量比较大，对店铺有了深刻认识后就会变成粉丝或者沉默老客，转化率一般不会很高，等发展到活跃老客后，转化率就会非常高。

（三）智钻的应用场景和投放策略

卖家是不是投放智钻，并不单纯地看类目和商品，其实更多的时候需要看在什么时候、用什么方法对智钻进行投放，这就是指智钻投放的应用场景。确定智钻的应用场景甚至比选择哪个类目、哪个商品进行投放更加重要，这也是智钻投放前运营人员需要思考的核心问题和难点，一定要想清楚怎样去做一个有效的智钻投放。

在投放智钻前需要考虑两个问题：智钻有哪些功能？智钻投放的应用场景是什么？

商家匹配生命周期中，在引入期，其核心工作是接领，无论是人群标签，还是商品标签，都应做接领；在上升期，对智钻是一个考验，需要做到销量飙升，领先于同行，这样就可以获取更多的自然流量和销量，这是比较困难的一个阶段；在稳定期，智钻后台提供了很多智能化的投放方式，使用这些投放方式，可以加速前期积累的销量和标签，让系统自动抓取更多、更精准的标签；在衰退期，经过了前面三个阶段的积累，此时不需要太多的广告投入，可以将人群缩小，更精准地进行投放，追求更精准的流量。

（四）智钻图片的创意优化

第一，突出主题，设计明确。创意在买家面前停留的时间是很短的，通常也就几秒钟，创意人员必须在这几秒内让买家知道卖家要突出什么主题，能让其了解到什么信息才是最重要的。不能一眼抓住买家眼球的创意往往都是失败的创意。要突出优惠就突出优惠力度，要强调调性就要做出调性。

第二，主次清晰，文案有轻有重。在内容比较多时，创意人员必须通过字的不同大小将文案的重点、次重点区分开来，这样一张图片才能整体协调，看上去美观，点击率也会提高很多。

第三，注重品牌概念传播。在店铺已经有了一定知名度的情况下，品牌

Logo 就是提升点击率的一个重要标杆。有时觉得有些知名品牌的图片做得跟自己的图片差不多，点击率却相差很多，这就是品牌的影响力，很多品牌卖家会在智钻图片上直接放上知名人物的照片，其点击率大都比普通图片高出很多。

第五节　社会网络化分析

自人类文明诞生以来，社会网络便已经出现并持续至今。每个人都是社会网络中的一员，与其他相关的人一起形成错综复杂的关系网：人是主体，关系是桥梁。这些关系可以是亲缘关系、朋友关系，也可以是同学关系、同事关系等；关系有强有弱，如好朋友就比普通朋友更加亲近，亲人就比普通同事更能牵动人们的神经；进一步地，不同的关系又构成了不同的圈子，如关系亲密的好友、共历寒窗的同学等。如今，社会网络已经发展到了线上，大家熟知的腾讯 QQ、微信、新浪微博等，这些线上的社交网络都有大量的用户。不仅如此，人们在这些社会网络中的关系很多都是与真实世界中的关系（即线下关系）对应的，换言之，社会网络中的关系极大地反映了人们的真实关系，通过社会网络分析的方法，不仅能对人们的关系行为有更准确的了解，还能产生巨大的应用价值，如在电子商务网站中应用商品推荐等。

社交网络是现在的热门研究方向之一，有很多非常有用且有趣的研究成果和应用案例。以下将介绍社交网络的构成，社会网络中的强弱关系、群组和意见领袖。

一、点、线和数据

一个三角形可以看作由三个点和三条边构成的网络，四边形可以看作由四个点和四条边构成的网络，推而广之，网络就可以看作由一些相连的点构成的图。这些点可以指代多种有联系的事物，如城市、动物、蛋白质等，而这些边则对应这些个体之间的关系，如城市之间可以由公路、铁路、航线相连从而构成城市公路网、铁路网或航空网，动物之间存在捕食关系从而构成食物链，蛋白质可能需要相互协作才能完成生物的某种机能。在社会网络中，这些个体就特定为“人”，而这些线则可以指代人与人之间的各种关系，如 QQ 上的好友关系、人人网中的同学 / 朋友关系、微博中的关注 / 被关注关系等。

人与人之间的关系复杂多样，不仅有类型之分，更有强弱之分，这些差异在不同的在线社交网络中均有体现。从关系的方向性来看，腾讯 QQ、微信等是双向关系（也称为无向关系，必须通过验证才能加为好友），而新浪微博是基于单向关系建立起来的（若两个人都有连边指向对方，则构成这两人之间的双向关系）；从关系的强弱程度来看，又可分为强关系和弱关系；从关系指代的类型来看，这些社交网络都包含了朋友关系和网友关系，朋友关系中又不乏同学关系和亲缘关系等。此外，除了朋友之外，也可能存在敌人或者讨厌的人，如腾讯 QQ 有陌生人分组和黑名单分组。

用网络来刻画这些关系，是简化关系研究的重要手段。

现在很多对于社会网络的分析都是在图论[①]的基础上展开的，如对人们群聚现象研究的社区划分方法，对不断演化的人际关系进行预测的链路预测模型，社会网络中的信息传播、疾病传播的传播模型等。这些分析方法都需要大量实验进行检验，而实验又需要数据的支撑。互联网上已经有许多不同来源的社会网络数据，但大部分都来自在线社交网站，包括用户属性、关系、行为方面的信息，根据网站性质的不同，这些数据也会有一些差异，如 Facebook 是无向网络，谷歌、Twitter、微博属有向网络，Epinions、Slashdot、Wiki-vote 等是含有不同类型连边（信任 VS 不信任、朋友 VS 敌人、支持 VS 反对）的网络，还有论文引用关系网络、科学家合作网络这种带有关系强弱程度的数据。有一些非常好的数据整理网站，如斯坦福的 SNAP、Pajek datasets、LPG 链路预测小组的数据收集网站等。

如何刻画一个网络，这里给出一个无权无向网络的例子。一个简单无向无权网络，记为 $G(V, E)$，是由节点的集合 $V=\{v_1,v_3,\ldots v_N\}$ 和边的集合 $E=\{e_1,e_2,\ldots,e_M\}$ 组成的，其中任意一条边对应于一个节点的二元组：$e_x=\{v_i,v_j\}$。简单无向无权网络满足以下四个条件：

① 图论（Graph Theory）是数学的一个分支。它以图为研究对象。图论中的图是由若干给定的点及连接两点的线所构成的图形，这种图形通常用来描述某些事物之间的某种特定关系，用点代表事物，用连接两点的线表示相应两个事物间具有这种关系。

第一，节点自己和自己不能连接——不允许存在诸如 $e_x=\{v_i,v_j\}$ 这样的边。

第二，节点之间最多只能有一条连边，不允许多条连边——对任意两条边 e_x，e_y，不会出现诸如 $e_x=e_y=\{v_i,v_j\}$ 这样的情况。

第三，连边没有方向性，即 $\{v_i,v_j\}=\{v_j,v_i\}$。

第四，连边只代表节点之间关系的存在性，没有权重的概念，故也没有与之对应的数值。

二、强关系与弱关系

每个人都会有不少朋友，但与每个朋友的关系又不尽相同。有八种不同的人际关系：认识的人，指彼此不太了解，仅一起参加过某项活动的人；有用的联系人，指可相互提供信息和建议的人，这类信息和建议往往与工作或事业相关；玩伴，指主要为了娱乐而往来的人，这类人之间交情不深，不能给彼此提供情感上的支持；帮忙的朋友，指可以在行事而非情感上为彼此提供帮助的人；益友，同时具有帮忙和玩伴特征的朋友；好友，与益友类似，但彼此交情更深；密友，之间无话不谈，他们喜欢跟对方相处，但并不总是能为对方提供实际的帮助；知己，具有这些所有类型的特征，关系最为亲近。

据此定义，好友、密友和知己与自身关系亲近，可称为强关系；而弱关系则是自己不太了解的人，如益友、帮忙的朋友、玩伴等。然而，强关系相对较少，密友和知己更是屈指可数，但大部分交流却都是与强关系展开的。在社交网络中，人们的行为也明显倾向于与强关系交流。

相比之下，人们与弱关系的联系就少很多。人们与弱关系来往通常是出于共同利益或目标，这意味着人与他们可能是通过双方的共同朋友而认识的，也可能是因为需要共同完成某项任务而互动的，或是由于共同的爱好，或是需要寻找某些信息。不过，弱关系虽弱却并非不重要，弱关系很有可能是消息的重要来源。与一个人的工作和事业关系最密切的社会关系并不是强连接，而常常是弱连接。弱连接处于社交圈的外围，且数目众多，他们的来往对象背景更为丰富，自然获得的信息也就更多。

强关系与弱关系的区分直观上是在直接联系的频率上，然而许多数据集中缺乏此类信息。那么关系的强弱是否与关系结构有关呢？直观感觉，社交网络中的强关系应该存在于稠密的网络邻居之间，而弱连接则是桥接强关系的那些边。在通信网络中，连接各个社群[①]之间的“桥连边”的权重通常是比较小的，即通话次数比较小，而社群内部的连边的权重通常较大。

然而，关系强度与网络结构的关系并不总是这样。在科学家合作网中，稠密的近邻主要构成弱连接，而强连接则桥接于各个社群之间。在脑神经网络、基因表达网络、社交网络和语言类的网络中，强连接更优先产生于拥有重叠邻居的节点之间，即产生于社群内部；但在美国航空网络、科学家合作网络中却完全相反。此外，基于同质性[②]的思想，基于用户之间的交互行为（如查看资料、连接建立、标记图片等行为）和用户资料的相似度，提出了一个无监督模型用来衡量人们之间的关系强弱。

强关系与弱关系的区别还体现于商品购买时与信息传播时。人们在向他人获取信息或观点时，首先会询问自己的强关系（亲朋好友），因为虽然弱关系可能了解更多关于该话题的信息，但人们会更信任强关系。现在许多应用于微博中的营销手段，排除事件、文案的影响不说，最有效的还是能利用到强关系。然而，强关系和弱关系并不是一成不变的，它们会随着时间慢慢变化，弱关系可能转化为强关系，强关系也有可能转化为弱关系。这种转变主要取决于人们是否接受过高等教育或是否喜欢搬迁。

三、社群的划分

人们生来就处于人际关系中，伴随着成长，会与各种人群形成自己的社交圈：人们有自己的家庭、小伙伴圈子、同学及同事群体，并可能与朋友的朋友产生关联。社交圈会随着年岁的增长而发展、变化：进入大学，新的城市，新的朋友，却渐渐淡忘了孩童时期的玩伴；来到社会，新的环境，新的同事，慢慢融入了新的团体。于是，多数人都拥有多个朋友圈，这些朋友圈也可能会有重叠。

社群结果是真实网络的一个重要特征。在真实生活中，社群是由一些具有

① 社群是一组可能拥有共同属性的节点，也可能是一组在网络中扮演相似角色的节点构成的集合，通常社群内部连边稠密，与社群外部的连接稀疏。

② 同质性：在这里指拥有相似属性的个体越容易产生连接。

相同特征的人构成的集合；相应地，在网络中，社群是一组可能拥有共同属性的节点，也可能是一组在网络中扮演相似角色的节点。直观来看，社群内部的连边应比较稠密，且多于社群内节点指向外部的连边。社群有许多实际的应用，如识别出具有相似兴趣并且在地理上邻近的用户就能为其提供更优质的互联网服务，又如找到具有相似兴趣的用户群，电商就可以为用户提供更准确的推荐。另外，社群结构还可能具有层级性，即一些社群可能包含更小的社群。比如，一个企业是一个整体，企业下面有各个部门，每个部门下面又可能分不同的工作小组。社群划分的目的就是通过网络拓扑结构来找出这些模块，并尝试分析其层级结构。

基于模块度优化的社群发现算法是目前研究最多的一类，其思想是将社群发现问题定义为优化问题，搜索目标值最优的社群结构。模块度 Q 值是目前使用最广泛的优化目标。该指标通过比较真实网络中社群的边密度与此网络的随机化网络中相应节点之间的边密度，来量度此社群结构的显著性。模块化程度本质上是描述真实网络划分群落后在多大程度上比相应的随机网络具有更多的内部连边，定义为：

$$Q=\frac{1}{2M}\sum_{i\neq j}\left(A_{ij}-\frac{k_i k_j}{2M}\right)\delta^{ij}$$

式中：A——网络的邻接矩阵；

M——网络总边数；

K_i——节点的度；

$\delta^{ij}=1$——节点 v_i 和 v_j 同属于一个群落，否则为 0。

模块度优化算法根据社群发现时的计算顺序大致可分为三类：聚合、分裂及直接寻优。基于聚合的思想，Newman 快速算法将每个节点看作一个社群，每次迭代选择产生最大 Q 值的两个社群合并，直至整个网络融合成一个社群，找出最大 Q 值对应的结果；在此基础上，CNM 算法采用了更快的数据结构来计算和更新网络的模块度，大大提高了计算速度；而 MSG-MV 算法则引入了多步扩展，即迭代过程中每次可合并多对社群，以避免过早地收缩到少数较大的社群。基于分裂的思想，与前一类算法相反，是将整个网络不断分割，代表的算法有 Newman 的 GN 算法，方法是依次删去网络中边介数[①]最大的边，直至每个节点单独退化为社群，然后从整个删边过程中选取对应最大 Q 值时的结果。直接寻优法有 EO 算法以及整数规划方法，前者将每个节点对模块度 Q 值的贡献大小定义为局部变量，通过贪婪策略对局部变量进行调整以提高全局目标函数，后者则是通过求解对应的松弛线性规划问题从而给出最大模块度的一个上界。

基于谱分析的社群发现算法是建立在谱图理论基础上的，其主要思想是根据特定图矩阵的特征向量导出对象的特征，利用导出特征来推断对象之间的结构关系。这类算法普遍是将节点对应的矩阵特征分量看作空间坐标，将网络节点映射到多维特征向量空间中，运用传统的聚类方法将节点聚成社群，如基于节点之间的距离量度，基于同以社群节点对应的随机矩阵特征分量强相关这一性质，提出了计算特征向量的 Pearson 相关系数来量度节点之间的相似度。

基于信息论的社团发现算法是把网络的模块化描述看作对网络拓扑结构的一种有损压缩，从而将社群发现问题转换为信息论中的一个基础问题——寻找拓扑结构的有效压缩方式。另有一种非常快速的方法称为标签传播算法，假设每个节点的标签都倾向于与其邻居的标签相同，它首先为每个节点指派唯一标签，在之后的每一步迭代中，每个节点将自身标签更新为其邻居节点中出现次数最多的标签，若最多的标签不唯一，则随机选择一个，直至迭代至稳态，拥有相同标签的节点便归为同一个社团。此外，还有一种方法，只需要利用网络局部信息，便可探测目标节点所属的网络社群，需要的计算资源很少。简单来说，指定一个目标节点，按照连边不断向外一层层扩展节点，直到满足终止条件第 k 层节点（即与目标节点最短路径为 k 阶的节点）连向 k 层以外节点的边数与第 $k-1$ 层节点两项 $k-1$ 层以外节点的边数的比值小于一定阈值，$k-1$ 层及其以内的节点与目标节点构成社群。

以上方法都是将网络划分为各个不重叠的社群，即每个节点都属于唯一的一个社区，各个社区之间没有交集。然而，真实世界中这种划分方法往往不能准确反映节点和社群的关系。如一个朋友既是同学从属于同学圈，又是同事从

① 边介数：网络中所有最短路径中经过此边的路径数目。

属于工作圈，于是就出现了重叠社区发现算法。刚才提及的标签传播算法，就被改进用来发现重叠的社区，在每一步节点更新标签时，根据阈值可以同时属于 v 个社区（v 是算法设定的参数）。基于社群渗透的思想认为社团是由一系列相互可达的 k- 派系组成的，算法通过合并相邻的 k- 派系来探测社群，而那些处于多个 k- 社群中间的节点就是社群的重叠部分。类似这种合并的方法还有种子扩展思想，以若干个节点作为种子，通过扩展形成对整个网络的覆盖，其扩展的基本步骤为：以单个节点 v 为初始社群 g，考虑所有与其相邻的节点 A，把对 g 的适应度最大的邻居节点加入当前社团形成 g'，然后重新计算 g' 中各节点的适应度，并将适应度为负的节点剔除，重复上述过程直至此社团对外部相邻节点的适应度均为负。另一类观点认为重叠社群的发现可以看作传统模糊聚类问题①，即计算节点到社团的模糊归属度。这类算法通常是从构建节点距离出发，再结合传统模糊聚类方法求解归属度矩阵，比如谱分析方法，以及基于通信 – 事件核构建的距离矩阵的方法。

此外，也有不少其他方法，如非负矩阵分解法。社群结构的混合概率模型，以概率方法对复杂网络的社群结构进行探索，以求得期望最大的社群结构，从而避开社群定义的问题。还有基于边聚类的重叠社群发现算法，虽然节点属于多重社群，但边通常指对应某一特定类型的交互，因此以边为对象能得到更反映真实情况的划分结果。传统的方法要么单纯追求圈子内部的稠密度，要么只考虑圈子内部的平均路径长度，或是社区内、外部连边的比较，这样做很可能会把许多不相干的人放在一起，提出了一个方法同时考虑了两个影响因素，即“社区内节点的连边更多地指向内部”和“社群应更稠密”，来判断是否应将社群合并。

四、寻找意见领袖

每时每刻都不断有新的消息产生，然而几乎所有的消息都转瞬即逝。新浪微博每天有上亿条信息，但被转到爆发的却少之又少。根据热门微博的转发情况，可以看出很大一部分转发行为明显归功于少数个体，这些个体就可以称作

① 聚类分析是数理统计中的一种多元分析方法，它是用数学方法定量地确定样本的亲疏关系，从而客观地划分类型。

意见领袖。社会化营销的关键在于人人参与，然而从微博实际被转发的情况来看，意见领袖的作用依然不可忽略。

事实上，早在 1957 年，意见领袖对人们的观点、表现和行为的影响甚于媒体，相比之下他们更具影响力也更值得信任。意见领袖所具备的特质包括：价值观念的展现、专业能力和他的社交网络特性。个别人物法则认为在社会中存在为数不多的有巨大影响力的人，如果能联系并影响他们，那么就可借助他们影响数百、数千甚至数百万的人。这一观点被广泛用于微博营销中，而此行为也产生了大量微博大号用以支持这种营销手段，将这些有影响力的人总结为人脉广、说服力强并在其领域深受信任。近年来，人们的行为越来越多地呈现在线上的社会网络中，这一点极大地加深了科学家们对意见领袖的认识。

在衡量网络中节点重要性的方法中，PageRank 和 HITS 是最有名的两个。PageRank 是 google 搜索引擎的核心，它用一种迭代的思想来衡量网络中节点的质量。PageRank 最初用于网页排序，并由此诞生了谷歌公司，成为谷歌搜索的基本核心算法。其基本想法是：WWW 上一个页面的重要性取决于指向它的其他页面的数量和质量。给定所有节点的初始 PageRank 值（简称 PR 值）$\mathrm{PR}_i(0),\ i=1,2,\cdots,N$。把每个节点在第 t–1 步时的 PR 值平分给它所指向的节点。如果一个节点的出度为 0 的话，那么它就始终把 PR 值只给自己。每个节点的新的 PR 值校正为它所分得的 PR 值之和，于是有：

$$\mathrm{PR}_i(t)=\sum_{j=1}^{N}a_{ji}\frac{\mathrm{PR}_j(t-1)}{k_j^{out}}$$

其中 $a_{ij}=1$ 表示从节点 i 指向节点 j 的边，$a_{ij}=0$ 表示节点 i 和节点 j 之间没有连边。

上式表明，一个节点的重要性等于指向它的那些节点的重要性的加权组合。

HITS 同样是迭代的思想，但不同的是，它用 Hub 值和 Authority 值来衡量一个网页（节点）的重要性：一个网页的 Hub 值由它指向的网页的 Authority 决定，即若它指向的页面越多且 Authority 值越高，它的 Hub 特性就越强；一个网页的 Authority 值则由指向它的页面的 Hub 值决定，即若它被很多 Hub 特性很强的页面支持，它的 Authority 特性就很强。之后有很多方法都是基于它们改进的，在此仅做简单介绍。

上述 PageRank 算法过程可以用有向网络上的随机游走的过程进行描述和解释，但是缺陷在于一旦到达了某个出度为零的节点之后就会永远停留在该节点处而无法走出来，有时候也称为陷阱。出度为零的节点被称为悬挂节点，指向出度为零的节点的边称为悬摆链。这些悬挂节点的存在使得 PageRank 算法失效。为解决这一问题，在基础的 PageRank 算法基础上引入一个随机跳转概率 c，认为人们在浏览网页时可能会随机打开别的网页，即每一步上网者将以概率 c 跳转到一个随机选择的页面，以 $1-c$ 的概率沿着当前网站上的链接浏览，当浏览到达一个没有链接的网站时（即出度为零的节点），就以相同概率 $1/N$ 随机地访问网络中的任一页面。该过程也是模拟真实网络用户并非通过超链接，而是直接输入网址的形式对网页进行访问，这也保证了没有任何入度的网页也有机会被访问到。于是得到最终的 PageRank 算法为：

$$PR_i(t) = c + (1-c)\sum_{j=1}^{N}\left[\frac{a_{ji}}{k_j^{out}}\left(1-\delta_{k_j^{out},0}\right)+\frac{1}{N}\delta_{k_j^{out},0}\right]\mathrm{PR}_j(t)$$

此外，也可用带重启的随机游走 RWR 解决陷阱问题，其思想与带跳转概率的 PageRank 思想类似，认为粒子在随机游走的过程中有一定概率返回原点。

在网络中引入超级节点，此超级节点与原网络中所有节点都有双向的连边，这样一来，迭代过程就可以避免引入概率参数，并提高了迭代收敛的速度。初始时刻给定网络中除背景节点之外其他节点单位资源，即 $s_i(0)=1, i=1,2,\cdots,N$，$s_i(N+1)=0$，经过迭代过程：

$$s_i(t)=\sum_{j=1}^{N+1} a_{ji}\frac{s_j(t-1)}{k_j^{out}}$$

直到稳态，得到节点的分数值 $s_i(t_c)$。注意，此时的邻接矩阵包含背景节点，为（N+1）阶。稳态时将背景节点的分数值 $s_g(t_c)$ 平均分配给其他 N 个节点，于是得到节点 i 的最终 LeaderRank 分数值为：

$$S_i = s_i\left(t_c\right)+\frac{s_g\left(t_c\right)}{N}$$

这些方法均将网络中的每一条边等同视之，但事实上这些连边的重要性可能非常不同，如社会网络中的强弱关系。于是将 PageRank 进行扩展并提出 Weighted PageRank 算法，差异在于，若将迭代过程看作投票过程，PageRank 中每个节点将自己的投票资源平均提供给它指向的节点，而 Weighted PageRank 中，每个节点根据它的每条外向边[①]的权重占比为每条边分配投票资源。

除了连边的差异之外，PageRank 还存在忽略个体领域差异的问题。一个好的排名不是对所有请求都返回同样的结果，而是能够返回与请求最相关的质量高的内容。当然，现在的搜索引擎都不会犯这种错误。利用原始的 PageRank 算法预先计算好每个主题的分值，但不是一个而是一组分值，每个分值对应一特定的主题，然后再根据搜索请求返回相应的结果。此方法称作 Topic-sensitive PageRank。

除此之外，还有一些别的排名方法，如利用一些相关的指标来衡量。当前在线社交网络环境中，出现了许多结合用户属性和行为的排名方法。如同时考虑用户的关注数、粉丝数、僵尸粉丝数、被转发数及转发者的影响力等，同时考虑用户的权威性、活跃度和粉丝的质量等。

至此，之前所说的仅仅是网络中有影响力的个体，他们不一定是信息的制造者，却是信息的强力传播者。然而信息的传播涉及两方，即传播者和接收者。不同的人对新思想的接受门槛不尽相同，同一个人对不同思想的接受门槛也不一样。比如，过去听到的都是关于某人的正面消息，突然曝出此人的一些恶行，人们就会觉得难以置信，假如另一个人根本就没听过这个人，他就可能更易相信。一种思想得以传播的关键因素并不是具有影响力的人，而是存在相互联系且易被影响的不同人群。所以，从大的方面来讲，意见领袖有极为重要的作用；从小的尺度来看，普通用户的影响也不能小视，因为在许多小团体内，可能也存在小众的意见领袖，抑或是不存在而是相互影响。

此外，除了信息的传播者和接收者之外，信息本身的性质对信息传播的效果也有重要的影响，这对于意见领袖的识别也是至关重要的因素。当大家对一个信息的接收程度较低时，社会加强作用对信息传播的效果就很重要了。譬如

① 外向边：给定一节点，以此节点为起点并指向别的节点的边。

说一个谣言同时从两个地方听到，其说服力要高于从一个地方听到的两倍。对于高质量的产品，即使没有核心人物推荐，也终将会被大众所接受，核心人物只能加快产品被接受的进程，但并不能决定产品能否被接受。不过在如今信息化的社会，加快产品被接受进程十分关键，比如，电影要想盈利就需要在首映周获得高票房，小公司的创新产品也需要在极短的时间内爆发，这时候寻找意见领袖就非常重要了。

第六章　电子商务数据分析及应用实践研究

第一节　电子商务数据分析的基础

随着国民经济的不断增长，科学技术的不断创新，我国电子商务行业发展得到了质的飞跃。[①]

一、电子商务数据分析的体系架构

（一）电子商务数据架构及其职能

1. 一般职能

营销核心：品牌、流量，包含搜索引擎营销（SEM）、广告（AD）、联盟、新媒体、电子邮箱营销（EDM）、搜索引擎优化（SEO）等。

运营核心：日常（网站）运维管理，包括网站、商品、资源位、内部活动管理，甚至包括会员、采销、物流等。

采购核心：商品采购，一般以品类划分。

销售核心：商品销售，一般以品类划分，有时与采购合并。

物流核心：物流配送，主要是商品进、销。

仓储核心：商品库存管理，仓储通常与物流合并成进销存体系。

客服核心：客户服务和维系，包括客户维系、咨询、服务、关怀。

2. 系统运维

（1）系统运维的核心：维护数据系统，保证数据系统正常运行。

（2）维护流量系统，保证系统正确部署、实施和数据收集。

（3）提供系统部署方案，配合技术方案实施和测试。

---

① 王鹏涛．浅析电子商务数据存储 [J]．科技资讯，2020，18（2）：20.

（4）提供系统后台和数据报表配置，制订日常发送计划。

（5）系统部署和配置，保证数据正确输出。

3. 数据架构

（1）数据架构的核心：数据系统架构规划，数据标准和规范化。

（2）大数据体系规划，支撑大数据集成、建模、挖掘和产品体系。

（3）负责构建公司元数据管理系统和数据质量管理体系。

（4）模型的定义和数据标准的定义（词汇、术语、主题域、接口等）。

（5）重大数据项目评估和审核。

4. 数据管理

（1）数据管理的核心：数据的存储维护，保证数据的安全性、可用性。

（2）数据仓库维护和管理，包括安装、配置、迁移、升级、备份。

（3）数据库性能优化、应急处理，建立数据管理体系和工作机制。

（4）数据仓库开发，构建数据集市和数据底层架构。

（5）数据校验、数据权限管理、日常数据输出。

5. 数据产品

（1）数据产品的核心：数据产品开发和应用支持。

（2）梳理数据产品需求，优化报表和规划新报表及数据产品。

（3）根据产品需求，协调开发资源，保障项目按时上线。

（4）协助数据分析和挖掘部门，进行数据模型产品化输出。

（5）在大数据基础上商业智能实现逻辑规划，辅助技术开发和测试。

6. 数据分析

（1）数据分析的核心：业务方向数据分析支持。

（2）业务活动效果评估，如渠道画像、会员活跃度。

（3）业务活动异常分析支持，如异常订单、恶意流量、恶意点击。

（4）业务效果标杆管理与预警机制，如流量预测、库存预测。

（5）业务内在价值挖掘与提炼，如渠道订单归因、用户生命周期。

（6）业务活动规则支持与辅助决策，如营销活动人群规则、广告定向。

7. 数据挖掘

（1）数据挖掘的核心：面向产品的挖掘规则及部分业务支持。

（2）负责行为识别系统（BI）实施中的数据挖掘模块算法研究，模型建立和优化。

（3）负责数据挖掘模型建立与维护，如关联模型、决策规则模型。

（4）负责个性化推荐模块算法研究及推荐效果优化。

（5）负责大数据下传统机器学习算法的并行化实现及应用，提出改进方法及思路。

8. 市场战略

（1）市场战略的核心：提高对行业和竞争对手的认知，增加对公司战略的支持。

（2）根据公司战略方向，制定中长期发展规划。

（3）根据公司规划，协助各中心制定战略研究规划并进行课题跟踪。

（4）搜集行业信息，捕捉行业发展新机会，为高层提供战略建议。

（5）建立竞争对手档案库，全面把控竞争对手动态。

（6）把握用户脉搏，掌控用户新需求、新想法、新途径等信息。

（二）电子商务数据业务工作流程

1. 数据采集

（1）企业内部数据采集来源于各个业务生产系统，包括 CRM 数据、呼叫中心（CC）数据、财务数据、仓储数据、门店数据、销售数据、办公自动化（OA）数据、物流数据、网站数据。

（2）企业外部数据是指数据由企业外部产生，企业通过合作、购买、采集等形式获得。企业外部数据通常包括竞争数据、营销数据、物流数据、行业数据等。

2. 数据存储

（1）数据存储层是在数据源的基础上，通过 ETL 进行数据整合，形成供上层计算或业务使用的数据仓库及数据集市。

（2）数据仓库面向业务决策或上层数据应用，是一个面向主题的、集成的、相对稳定的、反映历史数据变化的数据集合。

3. 数据计算

（1）数据挖掘，按照不同的实现结果方向，可分为回归模型、聚类模型、关联模型、时间序列、分类模型和机器学习等。

（2）数据计算，按照计算结果输出的时间性，可分为实时计算和离线计算，部分企业还会在实时计算和离线计算之间加入临时计算。

（3）数据计算模块，对大多数中小企业来说没有必要单独拆分，原因是在较小的数据体量和应用需求下，完全可以通过数据实时计算获得结果。数据计算模块只对大中型企业或具备海量数据处理需求的企业有存在意义。

4. 数据管理

（1）数据管理层，是介于数据和应用之间的介质和桥梁，通常上层自动应用或产品化的所需数据直接由数据计算层调用。对大多数企业而言，数据管理层的功能定位是用户和数据管理。

（2）数据管理层，通过数据管理平台（DMP）实现，但现在大多数的DMP产品仍集中应用在底层数据整合和抽取等工作上，尚未上升到管理数据层面。

5. 数据应用

（1）辅助决策应用，是目前数据发挥价值的主流方式，包括自动化营销、站内个性化推荐、数据产品化报表等。

（2）数据驱动，需要借助技术手段实现，通常是建立在数据事件触发或数据结果触发基础上的自动化运行机制。常见的数据驱动项目包括RTB、个性化EDM、站内个性化推荐、个性化着陆页、网站智能运营、基于用户事件或时间的维系触发等。

二、电子商务数据分析的业务指标

（一）营销类分析

营销类分析，主要包括的指标为曝光量、点击量、点击率、CPM、CPD、

CPC、CPA、每订单成本、每有效订单成本、ROI。

1. 曝光量

曝光量指广告在站外对用户展示的次数，广告曝光量又称广告展示量。

从技术上来看，广告曝光量即跟踪代码被加载的次数。

广告曝光并不意味着广告一定会被用户看到，而是意味着广告被加载并展示出来，广告位置（首屏还是底部）、广告素材、广告形式及广告周边因素等因素都会影响到用户的注意力。

2. 点击量

点击量，指站外广告被用户点击的次数，每点击一次就记录一次。

某些广告系统会过滤无效点击，只保留系统认为的“正常点击”数据。

站外广告监测系统与网站分析工具监测到的广告点击量通常不一致：原因除了无效点击过滤之外，还包括用户点击后到达的遗漏监测、系统监测和判断逻辑、数据定义规则、数据发送丢失等因素。

3. 点击率

点击率，也称点击通过率，用 CTR 表示。计算公式为：

$$点击率=点击量/曝光量 \tag{6-1}$$

点击率，是衡量站外广告效果的重要指标，反映用户对当前广告的喜好程度及所投放的媒介用户质量与投放广告的匹配度。

通常，点击率越高越好，但过高的点击率可能也意味着点击作弊。

4. CPM 与 CPD

（1）CPM。CPM 即 Cost Per Mille，每千人成本。CPM 是广告典型的付费方式之一，按照每千次展现付费。如一个广告展现了 10000 次，约定 CPM 为 30 元，则对于该广告应该付费 300 元。

（2）CPD。CPD 即 Cost Per Day，按天展示成本。CPD 是传统广告媒介（尤其是门户广告）普遍采用的费用结算方式，只根据展示的天数付费，对于期间任何广告效果（如展示、点击、目标转化等）不作任何承诺。

与 CPD 类似的还有按周、月、季度付费购买，付费逻辑相同，都是根据固定时间周期付费。

5. CPC 与 CPA

（1）CPC。CPC 即 Cost Per Click，每次点击成本。CPC 广告是部分展示类广告、SEM 广告的主流投放形式，企业只需要按照点击的次数付费即可。

衍生指标：UV 成本、每次访问成本。

（2）CPA。CPA 即 Cost Per Action，每次行动付费。通常会将行动定义为网站特定的转化目标，如下载、试用、填写表单、观看视频等，然后按照转化目标的数量付费。

6. 每订单成本

每订单成本指完成每个订单所需要的成本。计算公式为：

$$每订单成本 = 费用 / 订单量 \tag{6-2}$$

不同部门有不同的费用支出情况，比如：针对广告部门的费用通常只包含广告费用；对运营类部门的费用可能只包含促销类费用。

7. 每有效订单成本

每有效订单成本与每订单成本计算逻辑相似，不同点在于该指标只计算所有订单中有效订单的部分。计算公式为：

$$每有效订单成本 = 费用 / 有效订单量 \tag{6-3}$$

该指标中仅包含有效订单状态的订单成本，是针对企业级别的真实评估指标。

8. ROI

ROI 即投资回报率，指投入费用所能带来的收益比例。计算公式有以下两种：

$$ROI= 利润 / 费用 \tag{6-4}$$

$$ROI= 成交金额 / 费用 \tag{6-5}$$

在大多数电商企业中，ROI 计算使用第二种公式，原因是电商企业的利润大多为负数，因此 ROI 更多评估的是每单位费用带来的销售额。

（二）客服类分析

客服类，主要指标包括：总呼叫量、接通率、呼叫放弃率、平均排队时间、平均响铃次数、平均处理时间、一次性问题解决率、监听合格率、呼出量、呼叫满意度、其他客服指标。

第一，总呼叫量。总呼叫量指所有打入呼叫中心的电话数量，包括受到阻塞的、中途放弃的和已经答复的电话。总呼叫量是客服中心工作规模的重要评估指标。

第二，接通率。接通率用来衡量电话接通情况，包含呼入接通率和呼出接通率两种情况。

呼入接通率 =（IVR 接通量 + 人工接通量）总呼入电话量　（6–6）

呼出接通率 = 呼出成功接通量 / 总呼出电话量　（6–7）

第三，呼叫放弃率。呼叫放弃率指的是呼叫业务已经被接通到呼叫中心，但又被呼叫者在接通之前主动挂断电话的比例。计算公式为：

呼叫放弃率 = 放弃电话次数 / 全部接通电话的次数　（6–8）

第四，平均排队时间。平均排队时间是指呼叫者被呼叫系统（如 ACD，自动呼叫分配设备，也叫智能选择座席）列入名单后等待人工座席回答的平均等待时长。

第五，平均响铃次数。响铃次数指呼叫者听到回话之前电话铃振响的次数，该响铃由客服代表或 IVR 产生。平均响铃次数是平均每个呼叫者接通之前的响铃次数。

第六，平均处理时间。平均处理时间指座席处理与呼入者的谈话时间、持线时间及事后处理与电话相关工作内容的平均时间。计算公式为：

平均处理时间 = 总处理时间 / 接通电话量　（6–9）

第七，一次性问题解决率。一次性问题解决率指呼叫者当次接通电话后即解决问题的比例，不需要呼入者再次拨入呼叫中心，也不需要座席员将电话回拨或转接。计算公式为：

一次性问题解决率 = 一次性问题解决电话量 / 总呼叫电话总量　（6–10）

第八，监听合格率。监听合格率指通过监控、电话录音等手段抽查座席的服务质量的合格率，不同企业对于“合格”的定义不同。

第九，呼出量。呼出量指座席一定时间（如每天、每周、每月等）内呼出的电话量。呼出电话量通常是针对呼出项目制定的KPI，目的可能包括会员维护、问题解决、产品推销、活动介绍等。

衍生指标：成功呼出量（常见的“成功”定义包括：电话接通、通话时间超过30秒、业务预定、参与活动、完成订购等）、呼出成功率。

第十，呼叫满意度。呼叫满意度是指呼入者对呼叫中心提供服务的满意程度，不同企业对满意度的评价方式不同。如果呼叫满意度打分只有满意和不满意，那么满意度结果是一个比例，即满意呼叫占比。计算公式为：

呼叫满意度=满意电话量/总电话量　　（6–11）

（三）会员类分析

会员类分析，主要指标包括：注册会员数、购买会员数、活跃会员数、可营销会员数、会员激活率、老会员数、新会员数、复购率、流失会员数、会员异动比。

1. 注册会员数

注册会员数指在网站上注册过的会员数量，总注册会员数反映了网站所覆盖的整体会员规模，该指标只能反映网站目前会员的注册数量，无法评估质量。

延伸指标：新增会员数、累计新增会员数等。

2. 购买会员数

购买会员也叫购物会员，指在网站买过东西的会员。总购买会员数反映了网站具有购买记录和消费历史的会员规模。

购买会员某些时间也被称为活跃会员。

不同网站对“购买”的定义也不相同，如下单即算购买、妥投才算购买（大多数选择后者）。

延伸指标：购买会员占比、累计购买会员数。

3. 活跃会员数

活跃会员数，是用来评价当前会员的活跃度情况的指标，通常以会员动作或关键指标作为会员是否活跃的标志（如是否登录）。常见的活跃度评估权重或因素包括：注册、登录、E-MAIL验证/手机验证/支付密码验证、升级会员、使用积分、使用优惠券、订阅信息、访问页面、搜索、查看商品、页面咨询、收藏商品、商品比价、到货通知、页面纠错、加入购物车、在线下单、取消订单、换货订单、退货订单、订单完成、参与活动、商品评价。

延伸指标：会员活跃度、活跃会员占比。

4. 可营销会员数

可营销会员数，是指整体会员中可通过一定方式进行会员营销以满足企业特定需求的会员数量。

会员可营销的方式可能包括：手机号、邮箱、QQ、微信等具有可识别并可接触的信息点，具备这些信息中的任何一种便形成可营销会员。

延伸指标：可营销会员占比。

5. 会员激活率

会员激活率，是指注册会员中已经完成激活的会员比例。计算公式为：

$$会员激活率 = 激活会员量 / 注册会员量 \quad (6\text{-}12)$$

会员激活率用来评估会员注册后激活的占比情况，是会员注册质量评估的重要指标之一。

6. 老会员数

老会员指购买2次或2次以上的会员，老会员也被称为复购会员（重复购买的会员）。老会员数是企业产生销售的最重要保证，数量越高、规则越大，企业的销售规就越大。

数据经验：80%的销售额由20%的老客户产生。

7. 新会员数

新会员通常指第一次购买的客户，但有些公司也会加入时间限制，如当月内新产生的购物会员都算作新会员（不论购买几次）。

发展新会员，是企业拓展营销规模和快速发展的重要方法，新会员占比是企业快速发展时期的重要指标。

8. 复购率

复购率指一定周期内购买 2 次或 2 次以上的会员比例。复购根据时间区间不同，可分为周、月、季、年度复购率。以月度复购率举例，有以下定义方法：

（1）1 个月内购买 2 次或 2 次以上的会员。

（2）1 个月之前有购买行为，1 个月之内又有购买行为的会员。

（3）以上两种条件取并集。

复购率是评估会员质量和商品销售最重要的指标之一。

9. 流失会员数

流失会员数，指不再购买企业相关业务或商品的会员数量。会员流失率指流失的会员数量与总购买会员数量的比例。计算公式为：

$$会员流失率 = 流失会员数 / 总购买会员数 \quad (6-13)$$

预防会员流失是企业经营和管理中的重要工作，该指标是评估会员管理工作的重要指标之一。

10. 会员异动比

会员异动比，指新增会员数量与流失会员数量的比例。计算公式为：

$$会员异动比 = 新增会员数 / 流失会员数 \quad (6-14)$$

如果比值大于 1，则说明会员新增规模大于流失规模，企业处于向上发展时期；如果比值小于 1，则说明会员流失过快，如不尽快改善，则企业会员将会流失殆尽。

（四）商品类分析

商品类分析，主要指标包括：订单量、订单金额、每订单金额、商品销售量、支付转化率、有效订单指标、订单有效率、销售任务、SKU 数、商品毛利、店铺佣金、GMV。

1. 订单量

订单量指用户提交订单的数量。通常情况下，网站分析系统提供的订单销售数据与企业内部销售系统数据不一致。数据出现一定程度的误差属于正常情况，但误差比例不宜超过 5%且误差需要相对稳定。

2. 订单金额

订单金额为用户提交订单时的金额，又称为应付金额。计算公式为：

$$订单金额=商品销售金额+运费-优惠凭证金额-其他折扣（如满减） \quad (6-15)$$

订单金额与商品销售金额的差异：

$$商品销售金额=单价 \times 数量 \quad (6-16)$$

3. 每订单金额

每订单金额也叫作平均订单价格、平均订单金额。计算公式为：

$$每订单金额=订单金额/订单量 \quad (6-17)$$

另外，一种企业内常见的错误是称其为客单价，每订单金额的计算公式为：

$$每订单金额=订单金额/客户量 \quad (6-18)$$

其他类似指标：件单价。

4. 商品销售量

商品销售量又叫作商品销量、商品销售件数。

举例：网站中某个用户在一次访问内下了 2 个订单，其中一个订单包含 2 个商品，另一个订单包含 1 个商品，那么：用户数（访问数）为 1；总订单量为 2；总商品销售量为 3。

5. 支付转化率

支付转化率是衡量用户支付转化的数据指标，是用户完成购物的重要步骤。计算公式为：

$$支付转化率=完成支付的客户数/需要支付的客户数 \quad (6-19)$$

支付转化率无法及时评估货到付款的订单，因此通常只针对在线支付。

6. 有效订单指标

有效状态下的订单数量为有效订单量，该指标仅包含订单中的有效部分。不同公司对“有效”的定义不同，常见的“有效”指去除作废、取消、未支付、审核未通过的订单。

有效订单有时与妥投订单类似。

常见的有效订单指标包括有效订单量、有效订单金额、有效每订单价值、有效订单转化率等。

7. 订单有效率

订单有效率，是用来衡量订单有效比例的重要指标。计算公式为：

订单有效率 = 有效订单量 / 总订单量 （6–20）

与之相对的概念是“废单率”，废单率是指所有订单中作废的订单比例，计算公式为：

废单率 =1– 订单有效率 （6–21）

数据经验：订单有效率从下单后开始随着时间下降，直到所有订单完成妥投。大多数电商企业的订单有效率在 60% 以上，如果太低，则可能包含大量作弊、支付问题、订单规则问题等。

8. 销售任务

销售任务，是指企业给销售部门制定的目标销售任务，任务可能是销售额、订单金额、销售量，甚至是毛利等。

销售任务通常包含年度、月度、周度和每日销售任务四类。

9. SKU 数

SKU，即库存量单位。每款商品都有一个 SKU；同一种商品的不同颜色、款式、尺码等会对应多个 SKU。

常见 SKU 类指标包括：上架 SKU 数、被浏览 SKU 数、售卖 SKU 数、妥投 SKU 数。

10. 商品毛利

商品毛利是电子商务中自营商品最重要的效果指标之一。毛利是商品利润情况的最重要指标，计算公式为：

毛利 = 商品妥投销售额 – 商品批次进货成本 （6–22）

毛利率 = 毛利 / 商品妥投销售额 （6–23）

11. 店铺佣金

佣金是平台类电商或电商平台业务的主要盈利点之一。佣金额指的是平台从商家交易额中抽取的提成金额。

佣金比例是指佣金占成交额的比例。计算公式为：

佣金比例 = 佣金 / 成交总额 （6–24）

12. GMV

GMV，即成交总额。GMV 规模决定了最终佣金规模的大小，平台类电商业非常关注该指标。另外，具备一定规模的 GMV 配合资金周转周期，可使企业在一定时间内拥有一定相对固定的资金，这些资金可以用来做其他业务投资，因此 GMV 是平台类业务最重要的指标之一。

（五）仓储类分析

仓储类分析，主要指标包括：仓库吞吐指标、仓库容量指标、库存金额、库存可用天数、库存量、库龄、滞销金额、缺货率、残次数量、库存周转率、库存周转天数、仓储利用率。

1. 仓库吞吐指标

仓库吞吐指标用来衡量仓储的吞吐能力，包括入库量、出库量、直拨量、吞吐量和出 / 入库差错率。

直拨量：部分情况下，商品可能未经过仓库直接由上游厂商直接调拨给用户，这算是直拨量。

2. 仓库容量指标

仓库容量指标，反映了仓库可以容纳商品库存的能力，评估指标是仓库数量和仓储容量。

仓库容量，是库存能力的重要评估标准，包括仓库面积和仓库体积两个方面。在同等仓库数量的前提下，仓库可用面积或体积越大，库存能力越高。所有仓库容量（面积或体积）相加可得到企业整体仓库容量。

3. 库存金额

库存金额是全部库存产品按入库成本价格计算的总金额。计算公式为：

平均库存金额 =（期初库存金额 + 期末库存金额）/2 （6–25）

举例：月初库存金额为 2000 万元，月末库存金额为 2200 万元，则平均库存金额为 2100 万元。

衍生指标：平均库存金额。

4. 库存可用天数

库存可用天数，反映了当前库存可以满足供应的天数，是仓库备货能力的一个体现。计算公式为：

库存可用天数 = 库存商品数量 / 期内每日商品销售数量　　（6–26）

库存可用天数越长，代表可用时间越多，但过长的可用天数可能意味着商品滞销，过短则可能造成断货，因此库存可用天数需要保持在一定范围内。

5. 库存量

库存量，指一定周期内全部库存商品的数量。库存量的定义中包括多种状态的商品，如正常可售卖商品、已被订购但未发货商品、残次商品、调拨未出库商品、调拨未入库商品等。因此，在某些情况下会出现商品有库存但无法销售的情况。

企业通常会定义安全库存量、最低库存量和最高库存量，目的是保证商品在一定程度上可以满足用户的购买需求，同时不至于造成商品积压。

6. 库龄

仓储中的商品从进入仓库开始就产生库龄，一般意义上的库龄指的是商品库存时间。计算公式为：

库龄 = 出库时间 – 入库时间　　（6–27）

仓储系统中按照先进先出、先进先销的原则出库，因此同一个商品的库龄要按照其相应进货批次的时间计算。

7. 滞销金额

滞销是指商品周转天数超过其应该售卖的周期，导致无法销售出去的情况。滞销，一方面会造成资金积压，影响资金流动；另一方面会造成产品过季、过保质期或淘汰周期而导致产品损毁或下市。

滞销金额可以衍生出滞销金额占比、滞销 SKU 占比、滞销商品销量占比等指标，各指标计算逻辑类似。以滞销金额占比为例，计算公式为：

滞销金额占比 = 滞销金额 / 库存金额　　（6–28）

8. 缺货率

缺货，是相对于滞销的另一个极端，缺货意味着库存商品无法满足用户的购买需求。缺货率的计算公式为：

$$缺货率 = 缺货商品数量 / 顾客订货数量 \tag{6-29}$$

缺货率同样可以衍生出其他指标定义：

$$缺货金额 = 缺货商品数量 \times 缺货商品单价 \tag{6-30}$$

$$缺货商品数量 = 顾客订货数量 - 库存商品数量 \tag{6-31}$$

9. 残次数量

残次指的是由于商品库存、搬运、装卸、物流、销售等主、客观原因造成的商品外包装损坏、产品损坏、附件丢失等影响商品二次销售的情况。残次数量指残次商品的数量。

10. 库存周转率

库存周转率又称库存周转次数，是商品销售出库数量与库存商品平均数量的比率，是仓储物流业务最关注的指标之一。库存周转率的计算公式为：

$$库存周转率 = 销货数量 / [（期初商品库存数量 + 期末商品库存数量）/2] \tag{6-32}$$

$$库存周转率 = 销货成本 / [（期初商品库存金额 + 期末商品库存金额）/2] \tag{6-33}$$

其中，公式 6–33 为业务数据而非财务数据，更适合做实时反馈。

11. 库存周转天数

库存周转天数，是用时间表示库存的周转速度。计算公式为：

$$库存周转天数 =360/ 库存周转率 \tag{6-34}$$

12. 仓储利用率

仓储利用率，用来反映仓库被有效利用的情况，包括面积利用率和容积利用率。计算公式为：

$$仓库面积利用率 = 仓库实际使用面积 / 仓库可用面积 \tag{6-35a}$$

$$仓库容积利用率 = 仓库实际使用容积 / 仓库可用容积 \tag{6-35b}$$

在使用过程中，部分企业将“建筑面积”与“可用面积”混淆了。建筑面积是仓库长和宽的乘积，指的是包括所有材料和物体在内的总面积；而可用面积是在建筑面积的基础上去掉围墙、立柱、走廊等不可使用的部分。仓库容积计算量原理类似，实际上业务中很难达到100%的利用率。

（六）物流配送类分析

物流配送类分析，主要指标包括：配送业务量、满载率、配送满足率、配送准确率等。

第一，配送业务量。配送业务量是指企业根据用户的订单需求，对商品进行拣选、包装、出库、配送等作业，并按时送达指定地点的货物数量，包括区域配送和同城配送。

第二，满载率。满载率用来衡量每次物流运输车辆满载情况，是合理安排运力的重要依据之一。计算公式为：

满载率 = 车辆实际载重量 / 车辆额定载重量　　（6–36）

在不超载的情况下，车辆的满载率应在 0 ~ 1。越接近于 1，车辆的利用率越高。衍生指标：空载率。

第三，配送满足率。配送满足率指实际可用配送资源与配送需求的比例。计算公式为：

配送满足率 = 实际可配送订单量 / 需求配送订单量　　（6–37）

正常情况下，企业配送资源可满足订单配送需求；只在发生特殊情况（如大型促销活动）时，才可能由于订单激增而产生无法配送的订单。

第四，配送准确率。配送准确率指准确配送订单的比例。计算公式为：

配送准确率 = 准确配送的订单量 / 总配送订单量　　（6–38）

三、电子商务数据分析体系及其报告撰写

（一）电子商务数据分析体系

1. 效果预测

（1）效果预测的含义。效果预测是对未来的预估和推断，常被应用在业务执行前的计划和评估阶段。常见场景如下：未来一个月内，商品价格会下降20%；本次促销活动预计响应率会达到 80%，带来 300 万元订单收入；预计下周会员活跃度会从一般活跃上升到非常活跃；预期下个月网站日均流量会在

300 万 ~ 500 万 PV。

（2）效果预测的类型。

正向效果预测。正向效果预测通常是基于已知事实 X 推导未知事实 Y，即从前到后的正向预测。它常用于制订 KPI、战略目标、战术目标等业务场景中。

负向效果预测。负向效果预测场景通常是基于已知事实或目标 Y 反向推导过程事实 X，属于从后向前的预测。这种场景应用的前提是已经掌握目标信息，在业务规划时预测达成目标所需的资源和投入情况。

（3）效果预测的常用方法。

定性预测。定性预测是业务结合历史经验进行预测的一种方法，包括同比法、环比法和平均数法。

时间序列预测。时间序列预测是根据时间进行预测的一种方法，包括指数平滑法、移动平均法和 ARIMA[①]。

因果关系预测。因果关系预测方法中最常用的是回归分析，主要方法包括指数回归、线性回归、多项式方程回归和对数回归等。

特征关系预测。特征关系，即通过控制对结果影响较大的过程要素来控制结果。常见的特征关系包括决策树、决策列表等数据挖掘方法。

特征关系预测常用于业务方可以控制对结果产生影响的关键因素，进而预测结果。预测结果通常是一个类别或区间，如是否响应（响应指是否符合业务的预测订购、试用、下单、注册等目标）。

2. 营销分析结果判断

（1）营销分析结果判断的含义。营销分析结果判断，主要对正在发生的现在和已经发生的过去做出结果判断，以评估结果是否符合预期或存在异常情况。营销分析结果判断并不是简单地定义结果是好还是不好，而是要进一步定义所谓的“好”或者“不好”属于正常还是异常情况。例如，“昨日订单比前日增长 20%”只是数据陈述，并非结论定义。

（2）营销分析结果判断的场景。营销分析结果判断最常应用的场景是业

① ARIMA 模型（Autoregressive Integrated Moving Average model），差分整合移动平均自回归模型，又称整合移动平均自回归模型（移动也可称作滑动），是时间序列预测分析方法之一。

务状态进行时和业务状态完成后。它除了可以做业务效果评估之外，还为原因解析和数据探究提供了方向。例如：①昨日订单量超过 30000 单，超过正常水平 230%；②过去的 1 小时内流量突然下降了 75%，这是一个异常的预警信号。

（3）类型。数据分析结论的类型包括：引起关注的正向值、正常波动的正常值、正常波动的负向值、引起预警的负向值。

（4）存在的误区。

一是把数据陈列当作数据结论，如“网站访问量增长比例较大且超出正常波动范围，需要相关部门关注”和“网站访问量环比增长 33%”。

二是数据结论产生于单一指标，如“昨日全站订单量提升 20%”并不意味着全站销售效果提升，还需要根据客单价、实际妥投率等做综合评估。

三是由数据立场扭曲的数据结论立场决定解读。

（5）基本方法。

一是基于对比，如同比、环比、定基比等，对比数据为平均值或总值。

二是基于统计，如正态分布（高斯分布）。

3. 数据探究

（1）数据探究的含义。数据探究指对数据进行探索和研究，以便发现进一步的数据观点和数据洞察。数据探究是挖掘数据深层次原因和关系的关键动作，也是数据论证的主要过程，表现在数据结果中大多是数据论证过程。

数据探究是项目类、专题类数据分析和数据挖掘报告及项目的核心部分。

（2）数据探究的类型。

一是基于已知结论的数据探究。基于已知结论的数据探究，即围绕已知结论进行数据分析和挖掘，以找到导致结果发生的原因。

二是基于未知结论的数据探究。基于未知结论的数据探究是拓展业务知识的重要途径，相比基于已知结论的数据探究，该过程更侧重于“是什么”的工作范畴。

（3）数据探究的方法。

一是细分分析。细分分析是网站分析的基本方法，也是数据分析的基本思路。细分分析的过程是对整体数据进行拆分，然后找到影响整体的主要局部因素。进行分析时，只需要将来源渠道进行细分即可。

二是漏斗分析。漏斗分析是网站分析的基本方法，它将流程中的特定关键点进行归纳并进行逻辑排列。典型应用场景如注册流程、购物车流程等多页面流程及表单等单页面的多个步骤。

三是路径分析。路径是用户先后行为基于时间的统计结果。如用户先做了A事件，后做了B事件，最后做了C事件，那么用户就完成了一套A→B→C的事件路径。路径分析可广泛应用于站外流量来源分析、站内页面浏览分析、站内不同事件分析等。

第四是相关性分析。相关性分析指对多个具备相关关系的变量进行分析，从而衡量变量间的相关程度或密切程度。相关性分析可以应用到所有数据的分析过程中，因为任何事物之间都存在一定的联系。相关性不等于因果关系，不可用相关的事物代替因果关系来分析。

相关性分析的意义在于了解多个事物之间协同发生的关系。

4. 业务执行

（1）业务执行的含义。用于业务执行的数据分析指数据分析结果可以直接被业务使用。这类场景常见于业务有明确的行动目标，但需要找到一定特征的数据要素作为业务执行的参照。

（2）业务执行的类型。①明确的业务执行规则，可直接被业务使用；②模糊的业务执行规则，指数据分析结果未提供详细的动作因素，仅指明了下一步的行动方向或目标。

（3）业务执行的方法。

一是热力图分析。热力图分析是网站分析的重要方法，该方法的主要作用是分析单个页面内的点击分布。热力图中基于像素的热力图分析可以将页面内的点击以图形热点的方式表现出来，尤其是对于页面内无连接的区域，具有重要的参考价值。热力图分析常用于提取单页面内的重要访问特征，如点击集中度、功能使用率等情况，通过发现用户集中点击区域为业务行动指明方向。

二是关联模型分析。关联模型分析广泛应用于购物篮分析、站内页面浏览分析、站外渠道来源分析、关键字搜索分析、产品查看分析等，回答的问题类似于“发生了A之后，还会发生B还是C”或者“通常A和B还是和C一起发生”。

三是决策树模型分析。决策树模型也是典型的可应用到执行建议中的一类分析方法。模型中的结果包含执行规则、执行样本量、预期执行后的效果等业务必备要素。

上述关联模型从“商品”的角度提取了业务行动的规则，现在使用决策树模型从“人”的角度提取规则，即要实现特定营销目标，应该针对哪些人开展行动，可实现“If…then”的条件归纳。

四是异常值处理分析。异常值处理分析是面对海量数据时，提取具有异常特征数据的重要方法，常用于异常订单识别、风险客户预警、黄牛识别、贷款风险识别、欺诈检测、技术入侵等针对个体的分析场景。

异常检测结果并不意味着被检测出来的数据一定是异常的，它仅提供可能存在异常的样本，仍需要业务进一步验证。

（二）电子商务数据分析报告撰写

营销分析报告区别于日常报告的一个重要特点是，营销分析报告是围绕某个特定领域展开小而精的深入研究，而日常报告则侧重于某个周期大而全的概要分析。

营销分析报告的结构如下：

第一，封皮和封底。每个公司都有自己的封皮和封底模板。

第二，摘要页。摘要页是对报告中内容的概述，方便领导层直接了解报告内容而无须阅读整个报告。

第三，目录页。如果报告内容过多，则需要通过目录页告诉阅读者本报告包括哪些内容。

第四，说明页。说明页是关于报告中数据时间、数据粒度、数据维度、数据定义、数据计算方法和相关模型等内容的特殊说明，目的是增强报告的可理解性。

第五，正文页。正文页是报告的核心，通常使用总—分—总的思路撰写报告。作为日常报告，除了数据陈列之外，一定要有数据结论；而对数据结论的挖掘，可根据阅读者的需求自行安排并酌情添加。

第六，附录。如果报告存在外部数据引用、原始数据、数据模型解释等，则建议作为附录放在报告最后。

第二节　电子商务网站运营数据的研究与应用

一、电子商务网站运营数据的研究

（一）电子商务网站运营分析

近年来，随着互联网技术被应用到各个行业领域，电子商务经济的发展速度不断加快，这就需要重视电子商务网站的有效运营，使电子商务网站能够长久稳定地发展。[①] 网站运营，是以网站为业务运营载体的部门统称，通常包括网站运营、活动运营、用户体验、产品设计、在线销售等部门。

1. 活动分析

从电商角度来看，促销活动已经成为各电商销售的主要方式之一；从用户角度来看，大多数用户已经习惯于无活动不销售。

电商活动的类型如下：

（1）自身店庆。

（2）行业巨头店庆。

（3）传统节假日。

2. 资源位分析

资源位，即网站上用来达成一定目标的位置或资源形式，包括焦点图、文字链、活动区、推荐位、商品位、广告区。

3. 商品分析

商品分析主要是围绕商品查找、浏览、购买的整个流程进行分析。

（1）查找，即如何让商品更容易被找到，包括更多的资源位、更好的位置、

① 魏宏钰，魏宏静．电子商务网站运营体会与思考［J］．中国新通信，2020，22（14）：148.

更长的时间。

（2）浏览，即如何让用户对商品产生兴趣，包括更低的折扣、更好的广告语、紧迫的时间感、更好的存在感。

（3）购买，即如何让用户顺利地下单购买，包括尽量少的流程、合理的功能设计、良好的购物逻辑、丰富的支付选择、良好的页面体验。

4. 产品分析

产品分析，也称为用户体验分析，实际上包含产品和功能设计分析及用户体验分析两部分。产品分析一般包含三类，具体如下：

（1）点：产品功能分析。

（2）线：产品流程分析。

（3）面：产品整站分析。

（二）运营分析维度

1. 目标端

网站运营通常具有明确的、可衡量的目标，衡量角度涵盖流量、用户、转化，具体如下：

（1）流量：站内流量分布、流程行为的衡量。

（2）用户：用户登录、注册、特殊事件（如预定、下载、试驾、投保等）的衡量。

（3）转化：通常是电子商务转化，即销售达成的衡量。

2. 运营端

网站运营分析，主要应关注以下两个方面：

（1）宏观层面，关注整体资源分配、流程完善和资源整合。宏观层面分两个维度：①网站运营环节与公司其他环节的横向分析，即关注不同部门间的协作、整合关系；②网站运营自身流程的纵向分析，即不同运营事件之间的关联影响及流程优化。

（2）微观层面，关注运营本身的要素、细节和过程。

资源类型：广告位、商品位、活动位、资讯位等站内资源，还可能包括会员通道、资源互换、联合运营等站外资源。

资源排期：所有资源位的排期起始时间、跨越时间长度；尤其是重要节假日的排期，如春节、“十一”等国家法定节假日，周年庆等企业节日，“6·18”“双11”等电商节日等。

运营内容：每种资源位上架的内容、类型等要素。

促销卖点：运营内容上可能引起用户关注的要素，如降价、折扣等；促销手法，如关联销售、打包促销和组合销售等。

资源位效果：不同资源位有不同的引流效果，重点关注大型流量页面及资源位，如首页、焦点图、横幅等。

资源位布局：同一页面中多个资源位之间的相互影响关系，焦点图、顶部导航资源的利用率分析。

资源位组合：不同资源位置和内容之间的相互关系，重点是优势资源 + 劣势内容、劣势资源 + 优势内容的组合分析。

3. 用户端

用户端的分析维度，同样包括用户属性和用户行为，在此重点介绍用户行为分析的特殊维度。

（1）用户群体细分。不同的用户具有明显的行为区别，运营分析中会强调用户群体细分。除了基于人口属性、事件和行为的划分之外，还需要把时间和序列因素纳入群体分析过程中。

（2）用户喜好特征。

单元素行为，点击热力图、页面事件、表单、媒体播放等，通过对关键元素点击统计获得用户的喜好特征。

单页面行为，来源渠道及促销卖点、进入页面、退出页面、浏览最多的页面。通过这些页面的浏览量、停留时间等数据，可以发现用户是否具有明显的目标或兴趣。

多页面行为，行为流路径、页面关联模型。通过路径和关联发现用户是否具有明显的路径特征，如果用户频繁访问两个类似的商品，则说明用户可能在做商品对比。

多访次行为，用户生命周期内的行为。将用户行为的定义区间扩大，不仅看单个访问内的行为，还将多个访问做关联特征分析。

4. 网站端

网站端除了关注着陆页设计、关键表单设计和站内流程之外，还会关注网站本身对活动的影响。

（1）高并发下的网站 IT 支持。在高并发的情况下，网站服务器会无法正常访问，甚至会出现宕机的情况，这会直接导致某些关键行为，如登录、注册、提交订单等无法完成。

（2）活动促销功能设计问题。网站运营过程中为实现运营目标，通常需要 IT 部门设计新功能以满足特殊活动需求，如抽奖、转盘等特殊道具及大型站内游戏等。针对这些环节，需要做以下分析：活动游戏参与度分析；活动任务难度分析；活动道具分析。

5. 竞争端

竞争对手的网站运营同样会对企业内部运营产生重大影响。

（1）从宏观角度来看，需要分析竞争对手的运营策略、定价策略、排期策略、营销策略等，以便制定针对性的实施方案。

（2）从微观角度来看，竞争对手的网站上存在的显性因素，如产品价格、库存、销量、活动时间、参与商品、促销策略等，很可能成为可利用的突破点。

6. 其他因素

（1）新资源扶持：某企业的核心竞争优势是 3C 商品，为了支持图书和音像业务的发展，网站导航中将“图书、音像、数字商品”品类调整到第一的位置。

（2）测试性投入：主打大家电品类的企业，测试性地投入资源，建立超市类业务。

（三）网站运营分析体系

1. 用户分析

会员分析：新会员注册、新会员购物比率、会员总数、所有会员购物比率。

概括性分析会员购物状态，重点在于本周新增了多少会员，新增会员购物比率是否高于总体水平。如果注册会员购物比率很高，那么引导新会员注册不失为提高销售额的好方法。会员复购率一般分为：1 次购物比例、2 次购物比例、3 次购物比例、4 次购物比例、5 次购物比例、6 次购物比例。

转化率，体现的是 B2C 的购物流程、用户体验是否良好，也可以称为外功。复购率则体现 B2C 整体的竞争力，绝对是内功，这包括知名度、口碑、客户服务、包装、发货单等每个细节。好的 B2C 复购率能做到 90%，没有复购率的 B2C 绝对没有任何前途，所以这也能够理解为什么很多 B2C 愿意花大钱去投门户广告，为的就是获取用户的第一次购买，从而获得长期的重复购买。

运营的核心工作，一方面是做外功，提高转化率，获取消费者的第一次购买行为；另一方面是做内功，提高复购率。所以 B2C 是一门综合学科，正是依靠每个细节，才奠定了 B2C 发展的基石。

2. 流量来源分析

流量来源分析，通常用谷歌 Analytics，它统计的数据比较详细。流量来源分析最重要的意义如下：

（1）监控各渠道转化率。这是运营的核心工作，针对不同的渠道做有效的营销，IP 代表着力度，转化率代表着效果。

（2）发掘有效媒体。转化率的数据可以让人很清晰地了解到哪种渠道转化效果好，那么以此类推，同样的营销方式，用在同类的渠道上，效果也差不到哪去，BD 或广告就可以去开发同类的合作渠道，复制成功经验。

流量分析是为运营和推广部门指导方向的，除了转化率之外，浏览页数、在线时间也是评估渠道价值的指标。

3. 内容分析

内容分析主要有两项指标：退出率和热点内容。

（1）退出率，适合对 B2C 进行检查，退出率高的方面，基本上就能说明此处已出现问题。要重点关注登录、注册、购物车、用户中心，这些是最基础的，但也是最关键的。一般主要列出 TOP20 退出率页面，然后运营部会重点讨论原因，依次进行改进。

（2）热点内容，是用来指导运营工作的，消费者最关注什么，什么产品、分类、品牌点击最高，这些数据在新的运营工作中做重点引导，推荐消费者最关注的品牌、促销最关注的商品等。

4. 商品销售分析

商品销售分析，是内部数据，根据每周、每月的销售详情，了解经营状况，做出未来销售趋势的判断。

（四）撰写网站运营分析报告

1. 业务经营分析报告

业务经营分析报告由标题、前言、主体和结尾四部分组成。

（1）标题。业务经营分析报告的标题应当高度概括分析报告的主要内容、对象及作者的基本观点，以影响、指导读者正确理解分析报告。业务经营分析报告的标题有单标题和双标题两种。

单标题，多将分析的对象、内容及时间写在标题上，如《××公司××××年度完成经济计划情况分析》。有的直接在标题中揭示问题、提出建议、展望未来等。

双标题，正标题往往标出业务经营分析报告的主旨，点出作者的基本观点；副标题则说明分析的对象、内容及时间范围等。

（2）前言。前言即分析报告的开头，其写法多种多样，应视具体情况灵活掌握。有的在开头部分简要说明调查分析的时间、地点、对象、内容、范围及方式方法等；有的交代写作目的，说明选题的重要意义，以利于读者了解作者的写作动机，引导读者把握分析报告的重心，正确理解分析报告的基本含义；有的简要介绍分析报告的主要内容；有的点出作者的基本观点；有的介绍分析对象的基本情况；有的提出问题，引起注意等。业务经营分析报告开头的写法很多，运用起来应当灵活，有时单独采用一种，有时几种综合运用。

（3）主体。主体是业务经营分析报告的主要部分。在此部分，需要围绕选题，提出问题、分析问题、解决问题，并且要有情况、有数据、有观点、有分析。主体部分的结构安排有纵式结构和横式结构两种。

纵式结构，按照事物发生、发展的时间顺序或人们认识发展的规律，层层递进，依次安排布局，适用于事理明了、内容单一的专项分析报告。

横式结构，则根据分析内容的性质，划分成几个方面或问题，遵循着某一逻辑关系并列安排布局，适用于综合性分析报告。

例如，《××省××××年度财务分析报告》的主体部分，根据分析内容的性质，分成“××××年财务收支基本情况”“资金来源与运用分析”“成本费用分析”“利润分析”“问题与建议”五个部分。每一部分又分解为若干个小部分，如把利润分析部分分成“存款规模对利润的影响”“存贷款利差对利润的影响”“贷款收息率对利润的影响”三个小部分，从多个角度分析其财务综合状况。

（4）结尾。结尾是分析报告的结束部分，其主要作用是总结全文、点明主题、得出结论、揭示问题、提出建议、展望未来、鼓舞斗志、加深认识等。但若在前言或主体部分已得出结论、提出建议、展望未来、点明主题，也就无须再画蛇添足，可灵活掌握运用。

2. 网站运营分析报告

（1）数据整理。

（2）分不同维度进行数据分析，包括自己和自己比、产品内部横向对比、市面上产品的纵向对比、用户体验层面的比较。

（3）给出优化建议。

（4）列出下一阶段的工作计划。

二、电子商务网站运营数据的应用

“随着当前社会经济的快速发展，互联网经济的发展也十分迅猛，各个行业的电子商务经济贡献率也呈逐年上升趋势，传统商务经营模式的转型迫在眉睫。作为当前最热门的电子商务行业，每天会有诸多网站倒闭，也会有上百个网站建立，因此如何对电子商务网站运营成了当下每个网商的关注焦点。”①

（一）用户调研分析

用户调研，是网站运营分析的重要内容，业务部门希望能通过对用户调研

① 何龙扬．电子商务网站运营体会与思考［J］．现代经济信息，2018（9）：342.

数据进行分析，了解真实用户的信息，包括人口属性和行为喜好特征等。

1. 前期沟通

数据部门针对这一需求提出了以下细化需求：

（1）人口基本特征，包括性别、年龄、收入、职业和地域等基本属性。

（2）购物偏好行为，包括购买习惯、购买原因等。

（3）广告认知调研，针对站外广告接触点、接受程度等进行分析。

（4）品牌认知分析，针对现有的知名电商的喜好度及其原因的探究。

2. 数据准备

调查数据的来源通常是调查问卷系统，但在此之前需要有一套调查问卷来收集数据。数据的基本验证中关于数据缺失值、异常值、错误值等的验证在此略过，以下介绍通过数据间的逻辑进行数据审查的方法：

（1）用户所选地域与 IP 的匹配关系。调查问卷中用户选择的地域与通过调查工具采集的 IP 地址的地域归属应该（大多数情况下）一致。

（2）问题间的继承关系。不同问题间的答案逻辑需要一致，如两个题目分别回答“您在哪些网上商城购买产品（多选）”“您最常在哪家网上商城购物（单选）”，如果后者的答案没有出现在前者中，那么这个用户的问卷可信度较低。

3. 报告正文

（1）用户基本属性。

（2）用户网购行为习惯。

（3）用户网购偏好。

（4）用户聚类分析。

（二）站内活动分析

站内活动分析是所有站内运营分析的重要产出点，每次大型促销或事件之后都需要进行活动总结。以下应用案例就是某大型活动结束后进行的一次常规性总结分析。

1. 前期沟通

（1）活动的主要目标是什么？

（2）整个活动的排期时间表是什么？

（3）整体活动的卖点及不同波次的主打利益点分别是什么？

（4）活动在站外哪些渠道有投放，各自的排期、素材、卖点、着陆页、标记规则分别是什么？预期的流量是多少？

（5）站内哪些资源位会对活动形成引流，各自的排期、素材（或内容）和标记规则是什么？

（6）参与的商品都有哪些，各自的价格、折扣、目标销售、库存量（分地域）及各自产品属性分别有哪些可用数据？

（7）参与促销的内部促销号及对应的优惠券信息具体有哪些（金额、类型、使用规则、限制规则等）？

2. 重点确认

前期沟通完成后，有以下这些内容需要数据部门重点确认：

（1）活动相关页面（主活动、分会场）是否有监测代码。

（2）重点按钮或位置是否已经监测，包括导航、焦点图等。

（3）站外广告投放是否正确标记。

（4）新的促销形式或功能是否及时上线及是否存在 Bug 问题。

（5）活动高峰期间的实时流量监控，是否存在重点功能不可用，如无法登录、无法下单等。

3. 数据匹配

以上数据是完成一次完整的促销活动分析所需的最少数据量，不同数据间关联的主键信息如下：

（1）渠道 ID：站外推广标记规则。

（2）资源位 ID：站内运营资源位标记及活动页面的资源 ID。

（3）活动 ID：主活动和不同波次及分会场活动的标记。

（4）用户 ID：标记用户信息。

（5）优惠券 ID：优惠券识别标志。

（6）预算号 ID：识别与优惠券关联的预算号。

（7）商品 ID：商品关联主键。

（8）订单 ID：订单信息关联主键。

（9）配送单 ID：物流配送信息关联主键。

（三）单品销售分析

单品运营或爆款运营是电子商务的重要环节，针对商品的销售诊断同样必不可少。

1. 前期沟通

单品销售分析，是业务部门提出的针对某单品策略实施效果的分析需求，核心是找到产品的销售短板，并找到弥补短板的提升策略。

运营部门的需求突出两点：①运营的核心是提升销量；②找到关键短板并能进行改善。

2. 数据准备

（1）商品站外投放数据，包括商品投放的渠道、排期、素材卖点、着陆页等。

（2）商品站内资源位支持数据，包括站内资源位位置、排期等。

（3）商品库存数据，包括每天商品库存量。

（4）商品数据，包括商品属性、参数、价格、折扣、促销折扣等。

（5）用户数据，包括用户基本属性、行为、购买等数据。

（6）订单数据，包括订单商品、子订单、优惠券等数据。

（7）竞争对手数据，包括竞争对手商品促销、价格、库存、售卖量等。

3. 数据匹配

以上数据是完成一次完整的促销活动分析所需的最少数据量，不同数据间关联的主键信息如下：

（1）渠道 ID：站外推广标记规则。

（2）资源位 ID：站内运营资源位标记及活动页面的资源 ID。

（3）活动 ID：主活动和不同波次及分会场活动的标记。

（4）用户 ID：标记用户信息。

（5）优惠券 ID：优惠券识别标志。

（6）预算号 ID：识别与优惠券关联的预算号。

（7）商品 ID：商品关联主键。

（8）订单 ID：订单信息关联主键。

（9）配送单 ID：物流配送信息关联主键。

4. 报告正文

（1）整体效果数据。

（2）购买用户分析。

（3）站内流量分析。

（4）站外推广分析。

（5）领券效果分析。

（6）用户回访分析。

第三节　电子商务会员数据分析的研究与应用

一、电子商务会员数据分析的研究

（一）会员数据的内容

1. 用户基本信息

（1）人口属性信息，主要包括用户 ID、注册日期、证件号码、性别、手机号、市 / 省、生日、电话号、地址、E-mail、注册方式（邮箱 / 手机）、验证方式（邮箱 / 手机）、会员来源、家庭收入、是否结婚、兴趣爱好、职业、年龄、会员年限、会员类型（企业 / 个人）、会员等级、会员状态。

（2）会员促销信息，主要包括以下内容：

首先，优惠券 / 积分：优惠券、积分。

其次，促销活动：活动预算、促销活动。

最后，营销渠道：EDM、短信、CC。

（3）会员行为信息主要包括普通行为和反馈行为。

普通行为：订阅、查看、搜索、收藏。

反馈行为：投诉、咨询、评论。

（4）交易信息主要包括正向交易和反向交易。

正向交易：购物车、订单、支付、物流配送。

反向交易：退款、退货、换货。

2. 用户标签

（1）价值标签。价值标签主要包括以下三个方面：

首先，虚拟财富价值：账户余额、财富等级、信用等级、虚拟货币。

其次，活跃度价值：RFM 得分、活跃度。

最后，生命周期价值：历史贡献曲线、未来预期转化价值。

（2）商品喜好。商品喜好图如图 6-1 所示[①]。

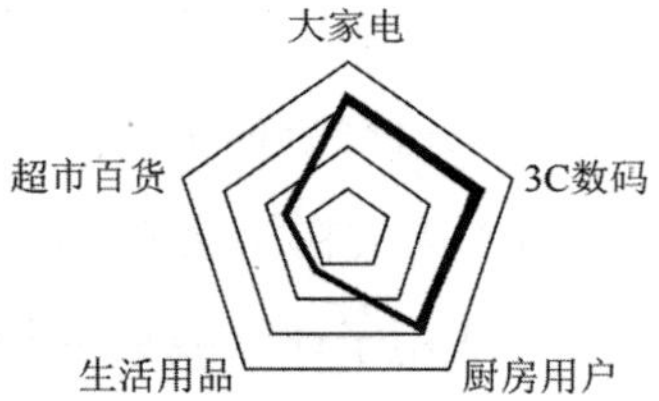

图6-1 商品喜好图

（3）行为偏好。行为偏好图如图 6-2 所示。

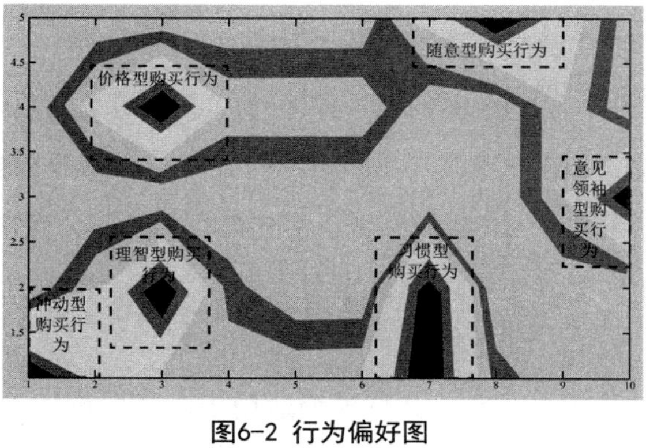

图6-2 行为偏好图

① 本节图表均引自北京中清研信息技术研究院．电子商务数据分析 [M]．北京：电子工业出版社，2016：124-126.

（二）会员分析常用的模型

1. 应用于用户分群的模型

（1）K-Means。K-Means 算法，也被称为 K- 平均或 K- 均值算法，是一种得到最广泛使用的聚类算法。它将各个聚类子集内的所有数据样本的均值作为该聚类的代表点，该算法的主要思想是通过迭代过程把数据集划分为不同的类别，使评价聚类性能的准则函数达到最优，从而使生成的每个聚类（又称簇）内紧凑，类间独立。

首先，相似度。①基于几何距离的“相似度”，0 距离、曼哈顿距离、切比雪夫距离；②基于非几何距离的“相似度”，余弦距离、汉明距离、相关系数。

其次，K-Means 的优势。K-Means 是解决聚类问题的一种经典算法，简单、快速，而且可以用于多种数据类型。对处理大数据集，该算法是相对可伸缩和高效率的。

最后，K-Means 的不足。既然基于均值计算，那么就要求簇的平均值可以被定义和使用，此时字符串等非数值型数据则不适用。K-Means 的第一步是确定 K（要生成的簇的数目），对不同的初始值 K，可能会导致不同的结果。

应用数据集存在局限性，它适用于球状或集中分布的数据，不适用于特殊情况数据。如非球状的数据分布无法正确分类。它对于“噪声”和孤立点数据是敏感的，少量的该类数据能够对平均值产生极大的影响。

（2）RFM。在众多客户关系管理的分析模式中，RFM 模型是被广泛提到的。RFM 模型是衡量客户价值的重要工具和手段。

该模型通过一个客户的 R（近期购买行为）、F（购买的总体频率）及 M（花了多少钱）三项指标来描述该客户的价值状况。一般的分析模型 CRM 着重分析客户贡献度或活跃度，RFM 则强调以客户的行为来区分客户。

首先，RFM 模型的优势。RFM 模型是简单、易于理解且应用广泛的用户分群模型。

其次，RFM 模型的不足。RFM 模型适用于商品单价相对不高，或者相互间有互补性，需要多次重复购买的必要商品；而对于购买周期长的商品则实用性不强。不同品类由于购买周期、金额等的差异，导致最终的 RFM 得分不具有直接对比意义。

（3）KNN。KNN 算法，又称 K– 最近邻算法，是最近邻算法的一个延伸。其基本思路是：选择未知样本一定范围内确定个数的 K 个样本，该 K 个样本大多数属于某一类型，则未知样本判定为该类型。

首先，KNN 算法的优点。简单、易于理解、易于实现、无须估计参数、无须训练，适合对稀有事件进行分类（例如，当流失率很低时，如低于 0.5%，构造流失预测模型）。特别适合于多分类问题（Multi–modal，对象具有多个类别标签），如根据基因特征来判断其功能分类，KNN 比 SVM 的表现要好。

其次，KNN 算法的不足。样本分布不均：对于位置样本 X，通过 KNN 算法，显然可以得到 X 应属于的范围；但对于位置样本 Y，通过 KNN 算法似乎得到了 Y 应属于的范围的结论，但直观来看并没有说服力。

存储全部的训练样本，需要烦琐的距离计算量，导致测试样本分类存在不足之处，如计算量大、内存开销大、耗时长，而且它的可解释性较差，无法给出决策树那样的规则。

2. 应用于用户预测的模型

（1）SVM。SVM 为支持向量机，SVM 是做数据分类的常用方法，可用来做会员的分类预测。SVM 的出发点是找到在两个类别中能够区分类别的最优分类面，使两类数据分开，同时保证类别间距离最大化。

首先，SVM 的优势。SVM 的最终决策函数只由少数的支持向量所确定，计算的复杂性取决于支持向量的数目，而不是样本空间的维数，这在某种意义上避免了“维数灾难”。

少数支持向量决定了最终结果，这不但可以帮助抓住关键样本、“剔除”大量冗余样本，而且注定了该方法不仅算法简单，还具有较好的“鲁棒”性。这种“鲁棒”性主要体现在：①增、删非支持向量样本对模型没有影响；②支持向量样本集具有一定的鲁棒性；③有些成功的应用中，SVM 方法对核的选取不敏感。

其次，SVM 的不足。SVM 的内核计算复杂，过程和理论较难理解。性能的优劣主要取决于核函数的选取，所以对于一个实际问题而言，如何根据实际的数据模型选择合适的核函数从而构造 SVM 算法非常关键。

（2）C4.5。C4.5 是决策树的一种，它是基于 ID3 产生的一种分类算法。算法的核心是基于信息增益率选择属性作为创建树节点的原则，直到最终的信息增益为 0。

首先，C4.5 的优点。C4.5 算法继承了 ID3 算法的优点，并在这些方面对 ID3 算法进行了改进：①用信息增益率来选择属性，克服了用信息增益选择属性时偏向选择取值多的属性的不足；②在树构造过程中进行剪枝；③能够完成对连续属性的离散化处理；④能够对不完整数据进行处理；⑤产生的分类规则易于理解，准确率较高。

其次，C4.5 的缺点。在构造树的过程中，需要对数据集进行多次的顺序扫描和排序，因而导致算法的低效。

最后，C4.5 只适合于能够驻留于内存的数据集，当训练集大得无法在内存容纳时，程序无法运行。

3. 应用于营销规则提取的模型

Apriori 算法是一种经典的生成布尔型关联规则的频繁项集挖掘算法。Apriori 算法将发现关联规则的过程分为以下两个步骤：

通过迭代，检索出事务数据库中的所有频繁项集，即支持度不低于用户设定的阈值的项集；利用频繁项集构造出满足用户最小置信度的规则。

挖掘或识别出所有频繁项集是该算法的核心，占整个计算量的大部分。

（1）项目与项集。设是 m 个不同项目的集合，每个称为一个项目（Item）。项目的集合 I 称为项目集合（Itemset），简称为项集。大于最小支持度的项集被称为频繁项集。

（2）关联规则的支持度。规则 R 的支持度（Support）是交易集中，同时包含 X 和 Y 的交易数与所有交易数之比。

（3）关联规则的置信度。规则 R 的置信度（Confidence）是指包含 X 和 Y 的交易数与包含 X 的交易数之比。

（4）优缺点。

Apriori 算法的优点：Apriori 算法是经典、实用的分类算法。

Apriori 算法的缺点：需要多次扫描数据表，计算耗时、资源消耗较大。

（三）会员数据应用场景

1. 会员管理日常工作

用户管理体系是数据挖掘和营销中不可忽略的环节。从用户生命周期的角度分析，用户管理体系主要包括新用户获得、用户保持与提升、沉默用户唤醒和流失用户挽回等。营销管理方式如下：

（1）电子邮件营销。

（2）短信。

Who：给谁发。

When：何时发。

Where：通过什么渠道发。

What：发送什么内容。

How：以何种方式去激发用户潜在销售需求并引导转化。

2. 会员数据分析场景

（1）用户管理和分析。

首先，发现并获得新用户，包括网站自身引流、会员互换、O2O 整合。

其次，提高用户活跃度并保持用户产生价值，提取用户相应的数据信息，包括个人习惯、访问诉求、商品喜好、促销响应等，针对性、个性化地满足需求。

最后，延长用户生命周期。①预警管理，有针对某些关键指标设定阈值并做预警监控；②基于数据的自动触发，包括活跃度、转化率、RFM 得分；③个性化的用户体验，包括用户产品、购物流程、主动关怀。

（2）辅助营销管理和分析。

一是 Who。通过提取规则来确定营销对象，例如：购买了 A 商品的客户→目的是推广 B 商品购买；年龄＞30 岁且订单金额超过 1 万元的用户→希望转化为某次营销活动；最近一次购买时间是 6 个月前，且连续 2 个月未曾访问过网站的用户→确定为沉默用户，然后制定相应的唤醒策略。

二是 When。通过提取规则来确定营销时间，通过分析找到用户最佳的接触营销信息的时间点。

三是 Where。通过提取规则来确定通过哪些凭条或渠道进行会员营销，通常情况下会员营销的渠道是固定的，包括 EDM 和短信平台，但某些时候也可以通过数据做调整，例如：① A 平台的通道质量较差，大量邮件很难在短时间内发送成功；② M 渠道发送的邮件通常被认为是垃圾邮件，导致无法直接到达用户邮箱，到达率低。

四是 What。找到应该给用户发送哪些信息点，例如：用户关注 / 收藏 / 订阅的商品、用户最喜好的价格或促销类型、针对性的用户浏览或购买记录的推荐。

五是 How。提取某些卖点吸引用户关注并获得转化，例如：最感兴趣的折扣、一定时间的紧迫感、推荐其他朋友也在关注的信息、发送相应价值的优惠券。

（四）会员数据需求收集和分析流程方法

会员的数据需求通常来源于日常工作和专题工作，通常有以下分析指标：

1. 注册

（1）新增注册会员。

（2）注册购买率。

（3）累计注册会员。

（4）有效注册会员。

2. 购买

（1）新增购物会员。

（2）当天购买会员数。

（3）累计购买会员数。

3. 用户生命周期

（1）活跃度。

（2）复购率。

（3）流失率。

（4）异动比。

4. 业务执行类指标

（1）可营销会员总数。

（2）可营销手机号。

（3）可营销 E-MAIL。

5. 活跃度指标

（1）搜索（次数）。

（2）浏览（次数）。

（3）商品查看（次数）。

（4）注册（ID）。

（5）登录（ID）。

（6）手机信息验证（个数）。

（7）E-MAIL 信息验证（个数）。

（8）页面咨询（次数）。

（9）加入收藏（次数）。

（10）加入购物车未购买（单数）。

（11）购物车未付款（单数）。

（12）购物车购买（单数）。

（13）购物车取消（单数）。

（14）商品评价（次数）。

6. 注册及会员数据指标

（1）注册总数。

（2）可营销会员量。

（3）有消费会员。

（4）有消费会员占比。

（5）青铜（含）以上会员总数。

（6）老会员客单价。

7. 复购率情况

（1）本月复购人数。

（2）老会员购买人数。

（3）新会员复购人数。

（4）整体复购率。

（5）老会员保有率。

（6）新会员复购率。

8. 积分使用情况

（1）积分累计发放总额。

（2）积分余额。

（3）积分兑换率。

（4）积分发放费用率。

（5）积分实际费用率。

（五）撰写会员报告的方法

不同报告的形式是不同的，通常有以下规律：

第一，日常统计和监测类的报告用 Excel 更方便。

第二，专项类或需要跟领导层汇报的月报等报告更适合用 PPT 撰写。

第三，对于专项数据挖掘的结果，使用 Word 文档 + 图示说明效果更好。

二、电子商务会员数据分析的应用

（一）用户分群案例

用户分群被广泛应用到企业内部，作为会员管理的基本方法之一。RFM 模型是典型的分群应用的模型，尤其适用于电商和零售业。以下采用 RFM 模型进行会员分群，使用工具 Clementine 实现。

1. 数据获取

提取数据前首先要确定数据的时间跨度，根据网站销售物品的差异，确定合适的时间跨度：

（1）如果经营的是快速消费品，如日用百货或快消品，则可以确定时间跨度为一个季度或一个月。

（2）如果销售的产品更替的时间相对久些，如电子产品，则可以确定时间跨度为一年、半年或一个季度。

提取的数据包含三个字段：用户或会员 ID、订单时间和订单金额。

2. 数据预处理

用户分群案例中，Date 字段是作为日期型的变量进行时间处理的，因此需要增加一个节点来将 Date 字段转换成日期型。填入字段选 Date，替换为输出 to date（to string（date））。

接下来，需要新增一个 RFM 汇总节点，目的是作为 RFM 字段指定及日期处理设置。其中重点是选择内容近因：大多数情况选择“今天的日期”。然后设置“ID”“天”及“值”对应到数据中的字段。

3. RFM 分析

关键步骤：设置 RFM 模型中的“近因”（时间）、“频数”和“货币”字段，同时可以指定这三个字段的加权。

最后一步：在 RFM 分析节点之后新增一个表格输出，这样可以直接通过表格观察结果数据。

表格输出的结果：每个原始数据行后新增了四列新字段，分别是“近因得分”“频数得分”“货币得分”和“RFM 得分”，根据不同的 RFM 得分就可以将用户进行统计分组。

（二）针对营销目的选择精准会员

随着互联网技术的发展，电子商务企业迅速发展壮大，越来越多的消费者愿意在网上进行交易，传统零售业也开展了网络零售。传统零售业具备稳定的供货渠道、品牌优势、购物体验、售后服务等优点，所以零售业已经进入线上线下协调发展的模式，即 O2O 模式。在此背景下，会员营销作为一种营销手段，在激烈的竞争环境中对零售业意义重大。[①]

在会员营销中有一个特殊的类别，叫作单品营销，其含义是企业内部每个流量相关的部门都会背负单品推广和销售的任务。

会员部门作为营业部分之一，目前的需求为如何针对性地找到能够购买某

① 刘晓丽 .O2O 模式下零售企业的会员营销 [J]. 市场研究，2018（5）：50.

种商品的用户，然后只针对这些用户发送 EDM 或短信来引导购买。

以下案例使用 Clementine 中的 Aprioir 关联模型实现。

关联模型需要的是订单数据，这类数据包含以下两种形式：

第一种是数据库记录的事务型数据。

第二种是商品购买矩阵，这种格式也是很多工具直接支持的格式（这里默认采用这种方式）。

由于源数据中包含其他一些不需要在关联计算中出现的字段，如卡号、性别、家庭、收入等，因此需要新增一个过滤节点，将这些值过滤掉。新增过滤节点为了让工具能够识别出不同的数据类型，需要新增一个 type 节点，然后单击“读取值”按钮；再将需要参与计算商品的方向分别选择为“两者”（意思是可以作为输入和输出应用）。

Type 类型后新增一个 Apriori 挖掘节点，开始进行关联规则挖掘。在模型栏中，可以设置最低条件支持度和最小规则置信度等，然后单击“执行”按钮。然后会出现一个黄色的模型结果，将结果拖到左侧面板区域，双击打开即可看到模型计算结果。这显示了不同商品间的前后项关联结果。

参考文献

[1] 沈凤池 . 商务数据分析与应用 [M]. 北京：人民邮电出版社，2019.

[2] 陈建明 . 大数据消费市场分析与市场营销的转型 [J]. 商业文化，2022（15）：58–59.

[3] 葛晓玢，刘杰 . 网络爬虫软件模块设计研究 [J]. 黑河学院学报，2018，9（10）：209–210.

[4] 佘莉 . 商务数据分析 [M]. 北京：清华大学出版社，2016.

[5] 张健 . 基于“新商科”的专业人才培养模式的研究与实践——以高职商务数据分析与应用专业为例 [J]. 中国商论，2018（32）：187–188.

[6] 张诣 . 基于数据分析的饲料企业电子商务个性化营销及服务模式研究 [J]. 中国饲料，2021（1）：107–110.

[7] 宋鑫，郭骏，尹寿垚，等 . 商务智能在电网调度控制系统数据分析中的应用 [J]. 电力系统自动化，2015，39（12）：93–96+145.

[8] 李婷 . 电商客户数据分析系统的开发和应用——评《电子商务分析实践》[J]. 材料保护，2021，54（2）：173.

[9] 朱晓峰，吴志祥 . 数据可视化导论 [M]. 北京：机械工业出版社，2020.

[10] 杨小军，张雪超，安靖 . 关系型数据可视化实现方法 [J]. 电脑编程技巧与维护，2017（14）55–57.

[11] 缪冬昕，郁舒兰 . 格式塔理论在数据可视化设计中的应用 [J]. 艺术科技，2019，32（6）：80+96.

[12] 夏玲 . 数据可视化中的视觉编码研究及应用实例 [J]. 大众文艺，2021（18）：220–221.

[13] 段学杰 . 国外关于几何可视化和视觉思维的研究 [J]. 教育现代化，

2018，5（51）：135–136.

[14] 刘滨，刘增杰，刘宇，等 . 数据可视化研究综述 [J]. 河北科技大学学报，2021，42（6）：643–654.

[15] 任永功，于戈 . 数据可视化技术的研究与进展 [J]. 计算机科学，2004（12）：92–96.

[16] 肖潇 . 数字时代电子商务数据流通：合规方案、法律模式与规范路径 [J]. 中国流通经济，2022，36（2）：120–128.

[17] 蒋佳芸 . 大数据时代我国中小企业商务数据分析与应用模式探讨 [J]. 中国商论，2022（15）：127–130.

[18] 余路 . 移动互联下的机场商务数据分析与管理提升 [J]. 中国商论，2016（18）：128–129.

[19] 邹倩颖，罗岚 . 电子商务大数据分析综合实践平台建设 [J]. 实验技术与管理，2017，34（11）：198–201，209.

[20] 张晞 . 大数据视域下连锁零售业电子商务发展研究 [J]. 商业经济研究，2016（13）：83–85.

[21] 王芳 . 数据分析——中国商业贸易创新推动力 [J]. 中国商贸，2011（31）：21.

[22] 王鹏涛 . 浅析电子商务数据存储 [J]. 科技资讯，2020，18（2）：20.

[23] 魏宏钰，魏宏静 . 电子商务网站运营体会与思考 [J]. 中国新通信，2020，22（14）：148.

[24] 吕新福 . 中小企业电子商务网站运营模式的创新途径研究 [J]. 中国商论，2021（22）：37–39.

[25] 韦霞 . “互联网 +”时代背景下电子商务网站运营模式探析——以“淘宝网”“京东网”为例 [J]. 电子商务，2019（3）：20–21.

[26] 王慧 .B2C 电子商务网站运营工作内容与影响因素分析 [J]. 北方经济，2012（2）：99–100.

[27] 唐宇 . 利用会员数据库提升电子商务网站客户忠诚度 [J]. 湖北第二师范学院学报，2013，30（8）：100–101.

[28] 夏金弟，徐奕胜 . 基于大数据的电子商务营销模式探索 [J]. 知识经济，2016（7）：67–67+69.

[29] 赵媛，樊重俊，朱玥 . 基于大数据的连锁餐饮会员网络营销策略 [J]. 电子商务，2020（7）：68–69.

[30] 何龙扬 . 电子商务网站运营体会与思考 [J]. 现代经济信息，2018（9）：342.

[31] 刘晓丽 .O2O 模式下零售企业的会员营销 [J]. 市场研究，2018（5）：50–51.

[32] 宋文智，白洪林，官潼筑，等 . 基于数据挖掘的跨境电商 RCEP 国别用户画像研究 [J]. 中国新通信，2021，23（19）：66–67.

[33] 蔡晓伟 . 电子商务运营数据分析漫谈 [J]. 现代营销（经营版），2021（4）：126–127.

[34] 袁培入 . 论电商平台用户画像行为立法之应有规制 [J]. 桂海论丛，2021，37（1）：101–106.

[35] 赵雅慧，刘芳霖，罗琳 . 大数据背景下的用户画像研究综述：知识体系与研究展望 [J]. 图书馆学研究，2019（24）：13–24.

[36] 王向晖 . 基于用户画像的电商企业移动精准营销研究 [J]. 齐齐哈尔师范高等专科学校学报，2019（6）：95–96.

[37] 丁晓东 . 用户画像、个性化推荐与个人信息保护 [J]. 环球法律评论，2019，41（5）：82–96.

[38] 高广尚 . 用户画像构建方法研究综述 [J]. 数据分析与知识发现，2019，3（3）：25–35.

[39] 刘士桢 . 用户画像在电商领域中的应用 [J]. 通讯世界，2017（21）：316–317.